西部地区改革发展研究丛书

重庆
产业转型升级研究

李培 王春 等○著

西南财经大学出版社
Southwestern University of Finance & Economics Press
中国·成都

图书在版编目(CIP)数据

重庆产业转型升级研究/李培等著.—成都:西南财经大学出版社,
2018.9

ISBN 978-7-5504-3668-8

Ⅰ.①重… Ⅱ.①李… Ⅲ.①产业结构升级—研究—重庆
Ⅳ.①F127.719

中国版本图书馆 CIP 数据核字(2018)第 189656 号

重庆产业转型升级研究

CHONGQING CHANYE ZHUANXING SHENGJI YANJIU

李培 王春 等 著

责任编辑:王青杰
封面设计:何东琳设计工作室
责任印制:朱曼丽

出版发行	西南财经大学出版社(四川省成都市光华村街 55 号)
网 址	http://www.bookcj.com
电子邮件	bookcj@foxmail.com
邮政编码	610074
电 话	028-87352211 87352368
照 排	四川胜翔数码印务设计有限公司
印 刷	四川五洲彩印有限责任公司
成品尺寸	170mm×240mm
印 张	10
字 数	179 千字
版 次	2018 年 9 月第 1 版
印 次	2018 年 9 月第 1 次印刷
书 号	ISBN 978-7-5504-3668-8
定 价	68.00 元

前言

当前，世界范围内经济体制深刻变革、经济格局深刻变动、经济模式深刻变化，导致各个国家和地区的产业要重新适应变革、调整布局和转型升级。产业是一国或地区经济发展的重要基础，产业转型升级也是经济高质量发展的重要支撑。党的十九大报告要求"深化供给侧结构性改革，建设现代化经济体系。加快建设制造强国，加快发展先进制造业，支持传统产业优化升级，加快发展现代服务业，促进我国产业迈向全球价值链中高端……"，这为我国产业转型和经济发展指明了新的方向。

重庆作为中国最大的工业重镇和老工业基地之一，重工业在经济发展中一直占据着重要位置。伴随着国家产业政策的不断调整和供给侧结构性改革的深入推进，重庆产业结构不断优化、产业规模不断变大、产业质量不断提升，经济发展的动力已由第二产业（重工业）依赖型转向二三产业"双轮"驱动型。当前，重庆既面临着习近平总书记提出的"两点"（西部大开发的重要战略支点、处在"一带一路"和长江经济带的连接点上）定位、"两地"（内陆开放高地、山清水秀美丽之地）、"两高"（高质量发展、高品质生活）目标带来的产业转型升级的重大战略机遇，又面临着产业结构有待进一步升级、产业布局有待进一步优化、产业价值链有待进一步提升、产业质量有待进一步提高等产业转型升级的内在现实问题，同时还面临着如何有效应对"互联网+"、大数据、智能化等新兴技术对传统业态造成的冲击。因此，如何牢牢抓住新技术的"牛鼻子"迎接产业转型升级的重大外部挑战，是重庆产业质量效率动力变革的一项重大课题。

重庆虽然是直辖市和国家中心城市之一，但具有集大城市、大农村、大山区、大库区于一体的典型特征，区域发展也呈现出不均衡、不充分的特点。实现高质量发展需要立足重庆的发展特征和发展阶段，需要充分兼顾发展的均衡性和充分性，需要从数量型经济向质量型经济过渡和转型。其中，产业做新做强做优、价值链端提升提档提质是重要途径和抓手。在经济发展由传统增长点转向新增长点的"新常态"及人民日益增长的美好生活需要和不平衡不充分的发展之间的矛盾的"新时代"双重背景下，作为重庆经济发展的重要基础和有机组成部分，产业结构亟须适应新常态的要求进行转型升级，产业模式亟待立足新时代的内涵进行调整变革。目前，重庆的产业和经济正在习近平新时代中国特色社会主义思想源头活水的滋润下"定位""定力""定盘"，继续以稳中求进为总基调，以深化供给侧结构性改革为总抓手，探寻新发展理念下的新动能新支撑及新常态经济下的新方位新坐标，追寻"两点"定位下的新追赶新跨越和"两地""两高"目标下的新效益新气象，着力推动重庆产业和经济的质量变革、效率变革和动力变革。

本书正是在上述时代背景下，以重庆产业转型升级为主要对象进行的探索和研究。全书共分十章，主要内容如下：

第一章，理论基础。本章系统梳理并阐释了产业结构理论、产业布局理论、产业集群理论、产业生命周期理论、产业组织理论和经济增长理论，为后续产业转型升级研究提供了理论基础。

第二章，研究进展及述评。本章从产业转型的概念与内涵、影响产业转型升级的动力和因素、产业转型升级的路径选择等方面对国内外的研究进展进行了归纳，总结研究的主要内容，评价了研究的特点及其局限性。

第三章，国内外产业结构转型升级的经验借鉴。本章在理论分析的基础上，总结了美国科学技术引领型、韩国新兴产业带动型、日本九州循序渐进型、新加坡政府引导型等部分发达国家产业转型升级的经验以及贵州大数据驱动型、上海政策措施促进型等国内较为成功的部分地区产业转型升级经验。

第四章，重庆市产业发展的历史与现状。本章从历史的视角切入，分析了重庆直辖以来的经济发展、产业结构的历史演变进程和现实发展情况，并重点分析了重庆市主城片区、渝西片区、渝东北片区、渝东南片区产业发展的特点和趋势。

第五章，重庆产业转型升级重点关注一：整体竞争力弱。本章在产业竞争力不强、产业结构不够优、产业协同性不强、产业创新性不强、产业开放度不高五大方面从理论上分析了重庆产业转型升级的必要性和存在的问题。

第六章，重庆产业转型升级重点关注二：相关区域产业衰退。本章构建了产业衰退的"三次识别法"和指标体系，并将重庆分为主城片区、渝西片区、渝东北片区、渝东南片区四大片区，实证考察了重庆市产业衰退地区。一次识别采用"区域横向对比法"，在识别年份期间，横向对比不同区域的主要经济指标（产业指标）排位，识别出排在后两位的区域，进行二次识别；二次识别采用"区域纵向对比法"，在识别年份期间，纵向考察一次识别出的渝东北和渝东南两个片区的主要经济指标（产业指标），识别出指标下滑（下降）幅度较大、发展相对缓慢的区域；三次识别从经济增长、产业发展、就业和生活三个维度设定重要识别指标，并根据区县指标在纵向角度的程度变动比进行相应的加权比较，最终得出产业衰退的区县。

第七章，重庆产业转型升级重点关注三：区域产业结构单一。本章构建了"单目标制"的产业结构单一地区识别方法，并构建了识别指标体系对重庆市单一结构地区进行识别。在此基础上，分析了单一结构地区面临的问题和困难以及重庆产业结构单一地区的典型案例。

第八章，重庆产业转型升级面临的机遇和挑战。本章在实证研究的基础上，深入分析了重庆产业转型升级面临的五大机遇和五大挑战。当前，重庆面临着国家"一带一路"和长江经济带等重大战略取向进一步拓展重庆产业发展新空间、重庆"两点"战略地位不断提升为全市产业优化升级创造新机遇、新一代新技术为重庆产业优化升级增添新动能、全面深化改革深入实施和重庆交通区位条件持续改善都将激发全市产业发展新活力等重要机遇；与此同时，重庆产业转型升级也面临着国际环境变化的不确定性和复杂性持续增加、国内经济下行压力加大、生态建设和环境保护任务重责任大、生产要素成本持续上升和区域竞争日益加剧等重大挑战。

第九章，重庆产业转型升级的方向与路径。本章提出了产业转型的总体方向、发展原则，围绕"夯实四个基础、瞄准五个方向"分析了产业转型升级的总体思路，在此基础上主要按照产业衰退和结构单一地区、新兴产业开发区域、农村贫困地区三大类型，对产业转型升级路径进行了分类探讨。

第十章，对策建议和保障措施。本章在上述理论分析和实证研究的基础上，从加强规划引领、完善产业鼓励和扶持政策、培育外向型创新型产业、加大基础设施建设、优化营商环境、强化资金保障、吸引高端人才、建立协同创新机制、打造转型升级示范区、做好产业预测和动态跟踪十个方面提出了产业转型升级的对策建议和保障措施。

一国或地区的产业发展既和当地地理空间、区域位置、资源气候、要素禀赋等自身因素互促共生，也与当地资源集聚能力、要素配置格局、技术革新效度、发展机遇环境等外部因素密切相关。本书在以上方面进行了广泛研究和讨论，但由于我们学识、水平、能力有限，在研究的内容和视角上还存在一定的局限性，期冀致力于重庆产业转型升级和经济社会发展研究的各界专家学者和朋友批评指正。

李培

2018 年 7 月

目　录

第一章　理论基础

产业是人类社会的产物，因社会分工而产生，并随着社会生产力的发展而不断演进。当一个产业不能适应和满足社会生产力发展要求时，就面临着缺乏竞争力、日渐衰落甚至被淘汰的命运，必须进行转型或升级以获得新生。千百年来，人类对产业发展规律的认识逐步加深，基本形成了关于产业结构、产业布局、产业集群、产业生命周期、产业组织以及经济增长等方面的理论知识体系。从源头的角度认识和把握相关产业理论的内涵和精髓，是新形势新要求下产业转型升级的重要依据。因此，本章主要从相关产业理论的含义、演进和主要观点等方面，对产业结构、产业布局、产业集群、产业生命周期、产业组织、经济增长六个与产业发展相关的经典理论进行了相应的梳理和分析，为助推重庆产业转型升级奠定理论基础和支撑。

一、产业结构理论

一般来说，产业结构是指各产业间的构成、联系和比例关系。产业结构的变动受生产力水平、经济发展水平、科技发展水平等因素的影响，研究产业结构的变动是研究经济增长的重要前提。产业结构理论是研究一个国家或地区在社会再生产过程中的产业组成、产业发展水平以及产业间的技术经济联系的理论。

（一）产业结构理论的演进

产业结构理论的思想起源于 17 世纪。第一个对产业结构进行系统研究的学者是英国经济学家威廉·配第。1672 年，他在《政治算术》一书中通过考察得出"工业比农业收入多，商业又比工业的收入多，即工业比农业、商业比工业附加值高"的结论。① 半个多世纪后，法国重农学派的创始人 F. 魁奈分别在 1758 年和 1766 年发表了《经济表》和《经济表分析》，提出了关于社会阶级结构的划分。② 1776 年，亚当·斯密在其经济学专著《国富论》中明确提出：产业部门、产业发展及资本投入应遵循农工批零商业的顺序。③

20 世纪三四十年代是现代产业结构理论的形成期。新西兰经济学家费夏以统计数字为依据首次提出了关于三次产业的划分方法。日本经济学家赤松要（Kaname Akamatsu）认为本国产业发展要与国际市场紧密结合起来，使产业结构国际化④，即产业发展应遵循的"雁行形态论"。C. 克拉克吸收并继承了配第、费夏等人的观点，在《经济发展条件》一书中建立起了完整、系统的产业结构理论框架。1941 年，库兹涅茨撰写了《国民收入及其构成》一书，对国民收入与产业结构间的重要联系进行了阐述。

（二）产业结构理论的主要观点

产业结构演进主要有以下几种理论观点：①配第-克拉克定律；②库兹涅茨的人均收入影响论；③霍夫曼工业化经验法则；④钱纳里的工业化阶段理论；⑤赤松要雁行形态理论。详见表 1-1。

表 1-1　　　　　　　　产业结构理论的主要观点

序号	理论名称	代表人物	主要观点	备注
1	配第-克拉克定律	威廉·配第，C. 克拉克	①工业的收入比农业高，商业的收入比工业高，说明工业比农业、服务业比工业具有更高的附加值。②随着经济的发展，国民收入水平的提高，劳动力首先从第一产业向第二产业移动；当人均收入水平进一步提高时，劳动力便向第三产业移动。劳动力在产业之间的分布状况是：第一产业比重不断减少，第二产业和第三产业将顺次不断增加。劳动力在不同产业间的流动原因在于不同产业之间收入的相对差异	《政治算术》（1672年），《经济发展条件》（1940年）

①　黄凯. 中美产业内贸易与我国产业结构关联性实证分析 [D]. 南京：东南大学，2009.
②　胡树光，刘志高，樊瑛. 产业结构演替理论与评述 [J]. 中国地质大学学报（社会科学版），2011 (1)：29-34.
③　周震虹，王晓国，谌立平. 西方产业结构理论及其在我国的发展 [J]. 湖南师范大学社会科学学报，2004 (4)：96-100.
④　杨换进，刘光华. 产业经济学 [M]. 石家庄：河北人民出版社，2005.

表1-1(续)

序号	理论名称	代表人物	主要观点	备注
2	人均收入影响论	库兹涅茨	①国民收入与产业结构间的重要关系。即：政府消费在国民生产总值中的比重趋于上升，个人消费比重趋于下降。在按人口平均的产值较低组距内（70~300美元），农业部门的份额显著下降，工业和服务业部门的份额则相应地大幅度上升，但其内部的结构比例则变化不大。在按人口平均的产值较高组内（300~1000美元）农业部门的份额与非农部门的份额之间变动不大，但非农部门的结构变化则较大。②经济总量的变化是导致产业结构变动的重要原因。同时，人口与人均产品双方的增加缺一不可，而所谓持续增加是指不会因短期的变动而消失的大幅度提高	《国民收入及其构成》（1941年）
3	霍夫曼工业化经验法则	霍夫曼	根据霍夫曼比例，即消费品工业净产值与资本工业净产值的比例，把工业化分为四个阶段：①第一个阶段是消费品工业占主导地位。②第二阶段是资本品工业快于消费品工业的增长，消费品工业降到工业总产值的50%左右或以下。③第三阶段是资本品工业继续快速增长，并已达到和消费品工业相平衡状态。④第四阶段是资本品工业占主导地位，在这个阶段，一般认为实现了工业化	
4	工业化阶段理论	钱纳里	该理论将制造业的发展分为三个不同的时期：经济发展初期、中期和后期。①在工业化初级阶段，轻工业尤其是纺织和食品工业在制造业中起着重要的作用，产业结构与生产要素因素密切相关，在生产要素密集程度方面以劳动密集型为特征。②在工业化中、后期阶段，重化工产品的发展可以进一步分为原料工业和加工工业两个重要阶段，此时，资本密集度和技术密集度都显著增加。在这个增长过程中，经济增长具有加速趋势。而当经济发展完成工业化任务后进入发达经济体，增速会明显回落	
5	赤松要雁行形态理论	赤松要	随着比较优势的变化，后起国家或地区特定产业的生命周期通常会经历引进、进口替代（区域内生产）、出口、成熟和再进口五个阶段，形成倒"V"的雁行形态，由此区域内产业呈现出雁行形态模式发展和产业从一个区域向另一个区域的雁行转移过程，并在这一过程中表现出产业结构不断高级化的演进。第一只雁是进口和国内市场研发。第二只雁是国内市场饱和到产品出口。第三只雁是从国外市场形成到输出技术设备，就地生产和销售。第四只雁是国外生产能力形成，产品以更低的价格返销国内，迫使本国该产品的生产减少，促进新的研发	日本学者山泽逸平先生对理论进行了扩展，提出了引进、进口替代、出口成长、成熟、逆进口五个阶段

资料来源：①杨换进，刘光华.产业经济学［M］.石家庄：河北人民出版社，2005.②彭宜钟.产业结构理论综述［J］.北方经济，2010（12）：33-35.③吴星旗.江西省产业结构升级水平实证研究：基于长江经济带的比较［D］.南昌：江西师范大学，2017：65-66.④刘竞.贵州产业结构优化调整的路径分析［J］.贵州商业高等专科学校学报，2010（4）：5-7.

二、产业布局理论

产业在某一地区内的空间组合就是产业布局。狭义的产业布局是指形成产业的各部门、各要素、各链环在空间上的分布态势和地域上的组合。广义的产业布局则表现为各种资源、各生产要素甚至各产业和各企业为选择最佳区位而形成的在空间地域上的流动、转移或重新组合的配置与再配置过程。产业布局理论就是研究产业在一国或一地区范围内的进行空间分布和组合的经济现象的理论。

（一）产业布局理论的演进

产业布局理论形成于 19 世纪初。随着社会生产力的迅速发展，迫切需要解决如何合理布局产业的问题。这一时期，主要产生了农业区位理论和工业区位理论，主要代表人物分别是德国经济学家杜能、韦伯。

20 世纪以来，产业布局理论获得较大发展，形成了贸易区位理论、中心地理论和市场区位论等，主要代表人物是费特、克里斯泰勒、廖什。

20 世纪 60 年代以来，现代产业理论基本形成，并分为五大流派。二战后，西方一些学者以后起国家为出发点进一步丰富了产业布局理论。

（二）产业布局理论的主要观点

产业布局理论主要包括古典区位理论、近代区位理论、现代区位理论，以及基于产业布局的增长极理论、点轴理论、地理二元经济理论，详见表 1-2。

表 1-2　　　　　　　　　　产业布局理论的主要观点

序号	理论名称	代表人物	主要观点
1	古典区位理论	德国经济学家杜能、韦伯	1826 年，德国经济学家杜能在《农业和国民经济中的孤立国》中提出了农业区位理论。他认为，农作物适合在什么地方种植，并不完全由自然条件决定，也并非越集约越好，农业活动最佳配置点的确定，要考虑运输因素，容易腐烂、集约化程度高的农产品生产要安排在中心城市附近；相反，需粗放经营的可安排在离中心城市较远的地方。随后，1909 年德国经济学家韦伯提出了工业区位论，认为工业布局主要影响因素包括：运费、劳动力费用和聚集力，其中对工业布局起决定作用的是运费，工业部门生产成本的地区差别主要是由运费造成的

表1-2（续）

序号	理论名称	代表人物	主要观点
2	近代区位理论	费特、克里斯泰勒、廖什	费特提出了贸易区位理论，该理论认为，运输费用和生产费用决定企业竞争力的强弱，这种费用的高低与产业区域大小成反比。德国地理学家克里斯泰勒首创了中心地理论，即以城市聚落为中心进行市场与网络分析的理论。廖什的市场区位论则认为：产业布局必须充分考虑市场因素，要考虑到市场划分与市场网络结构的合理性，尽量把企业安排在利润最大的区位
3	现代区位理论	胡佛、普莱德、达恩等	①成本—市场学派，以成本与市场的相依关系作为理论核心，以最大利润原则为确定区位的基本条件。 ②行为学派，最大特点是确立以人为主题的发展目标，主张现代企业管理的发展、交通工具的现代化、人的地位和作用是区位分析的重要因素，运输成本则降为次要因素。 ③社会学派，认为政策制定、国防和军事、人口迁移、市场因素、居民储蓄能力等因素都在不同程度地影响区位配置，而且社会经济因素愈益成为最重要的影响因素。 ④历史学派，认为区域经济的发展是以一定时期生产力发展水平为基础，具有很明显的时空结构特征，不同阶段空间经济分布和结构变化研究是理想区域发展的关键。 ⑤计量学派，认为必须建立区域经济数学模型，借助计算机等科学技术工具进行大量的数据处理和统计分析
4	增长极理论	法国经济学家佩鲁	在一国经济增长过程中，由于某些主导部门或者具有创新力的企业或行业在某些特定区域或者城市聚集，形成资本和技术高度集中并对邻近地区经济发展形成强大的辐射作用，被称为"增长极"
5	点轴理论	法国经济学家佩鲁	随着经济的发展，工业点的增多及彼此之间经济联系的加强，会促进各种形式的交通通信线路的建设使之相联系，这一线路即为轴。这些轴线一经形成，对人口和产业就具有极大的吸引力，吸引企业和人口向轴线两侧聚集，并产生新的点。点轴理论就是根据区域经济由点及轴发展的空间运行规律，合理选择增长极和各种交通线路，并使产业有效地向增长极及轴线两侧集中布局，从而由点带轴、由轴带面促进区域经济发展
6	地理二元经济理论	瑞典经济学家缪尔达尔	该理论利用"扩散效应"和"回波效应"概念，论证了后起国在经济发展过程中，发达地区由于要素报酬率较高，投资风险较低，因此吸引大量劳动力、资金、技术等生产要素和重要物质资源等由不发达地区流向发达地区，从而在一定时期内使发达地区与不发达地区的差距越来越大。另外，产业集中的聚集规模经济效益不是无限的，超过一定限度之后，往往会出现规模报酬递减现象。这样，发达地区会通过资金、技术乃至人力资源向其他地区逐步扩散，以寻求新的发展空间。与此同时，发达地区经济增长速度的减慢，会相应增加不发达地区经济增长的机会，特别是对不发达地区产品和资源的市场需求会相应增加。这一理论给予后起国的启示是：后起国在产业布局问题上可采取非均衡发展战略

资料来源：①付桂生，翁贞林. 试论产业布局理论的形成及其发展：兼论江西省工业生产力布局［J］. 江西教育学院学报（社会科学），2015（2）：5-6. ②李君华，彭玉兰. 产业布局与集聚理论述评［J］. 经济评论，2007（2）：146-150.

三、产业集群理论

产业集群理论是由麦克尔·波特创立的一种西方经济理论。1990 年，波特在《国家竞争优势》一书中提出了"集群"（Clusters）的概念，即某一特定领域内相互联系、在地理位置上集中的公司和机构的集合①。后来，波特在其著作《竞争论》（2003 年）中扩展了集群的定义，提出：产业集群是一种现象，它以某一个或几个相关产业为核心，以价值链为基础，由大量产业联系密切的企业及相关支撑机构在空间上进行集聚，并形成强劲、持续的竞争优势。②

（一）产业集群理论的演进

产业集群理论随着社会实践的发展而逐步深入，由最初的适合传统产业集群的外部规模经济理论，扩展为目前适合高新技术产业集群的创新优势理论。

该理论的发展主要经历了三个阶段。一是工业化前期阶段，研究主要集中于企业间的物质投入关系，强调企业之间建立在一体化基础上的物质联系，聚集的目的主要是节约运输成本、取得外部规模经济。二是工业化后期阶段，研究主要关注企业间的信息沟通、交易费用、竞争合作关系等。随着经济全球化和区域一体化的发展，不同产业集群的竞争，从绝对优势和比较优势发展到动态的竞争优势。三是知识经济时代的新阶段，研究更多地倾向于关注文化、知识对集群的影响和集群的创新等。作为社会支柱产业的高新技术产业对劳动质量与效率的要求远胜于对劳动成本的考虑，只有具有创新的环境才可能吸引、产生成功的企业集聚。

（二）产业集群理论的主要观点

对产业集群理论的研究，不同时期的不同学者提出了不同的观点。有代表性的理论主要包括：产业区理论、区位集聚理论、增长极理论、地域生产综合体理论、新产业区理论、新经济地理理论、新竞争经济理论、区域创新环境理论、区域创新系统理论，详见表1-3。

① 迈克尔·波特. 国家竞争优势 [M]. 李明轩，邱如美，译. 北京：中信出版社，2007.
② 迈克尔·波特. 竞争论 [M]. 刘宁，高登第，李明轩，译. 北京：中信出版社，2009.

表 1-3   **产业集群理论的主要观点**

序号	理论名称	代表人物	主要观点
1	产业区理论	马歇尔	产业区是专业化产业集聚的地区，产业区内集中的是大量相关的小型企业，这些企业集群的根本目的是获取外部规模经济。马歇尔解释了基于外部经济的企业在同一区位集中的现象，他认为产业集群是外部性导致的
2	区位集聚理论	韦伯	通过对影响工业区位的各个因素及其作用大小的分析，该理论认为，产业集聚是通过企业对集聚好处的追求自发形成的，是自下而上产生的
3	增长极理论	佩鲁	佩鲁把经济空间划分为计划空间、极化空间、均匀空间三种类型。增长极是在第二类经济空间——极化空间中出现的，极化空间是"由中心和向心、离心力的通道"组成的集合体。为了分析有支配效应发生的经济非均衡增长，佩鲁引入了"推动性单位"（Pro-pulsive Unit）及"增长极"（Growth Ploe）的概念
4	地域生产综合体理论	苏联学者	地域生产综合体由一些具有不同功能的部分组成，包括：经营类、关联类、依附类和基础设施。地域生产综合体的组成结构表明，它是一种典型的产业集群，集群的核心是专门化企业，围绕着这一核心的是关联类企业、依附类企业，企业之间具有生产投入产出联系，所有企业共同享用各类基础设施
5	新产业区理论	意大利的社会学家别卡提尼（G. Bacattini）	新产业区的两个主要特征是本地网络和根植性。本地网络是指区内行为主体间的正式合作，以及它们在长期交往中所发生的相对稳定的非正式交流的关系。根植性是指当代复杂的技术系统的建立都需要扎根于当地的社会文化，密切接近目标用户，考虑当地原有技术的基础和联系的界面，适应当地的法律和行政法规
6	新经济地理理论	克鲁格曼	克鲁格曼认为产业集聚是由企业的规模报酬递增、运输成本和生产要素移动通过市场传导的相互作用而产生的，进而发展了集聚经济的思想。工业集聚理论的贡献在于，他第一次通过数学模型分析了工业集聚将导致制造业中心区的形成。他的垄断竞争模型在融合传统经济地理学理论的基础上，综合考虑了收益递增、组织理论、向心力和离心力等因素，证明了低运输成本、高制造业比例和规模有利于区域集聚的形成
7	新竞争经济理论	波特	产业集群之所以对竞争优势至关重要是因为：第一，产业集群能够提高集群内企业的生产率，企业不仅可以很容易地找到专业化的劳动力和符合要求的供应商，并且各企业之间可以相互协调形成集体效率；第二，产业集群能够提高集群内企业的持续创新能力，并使之成为创新中心；第三，产业集群有孵化器的作用，能够降低企业进入和退出的风险，促进集群新成员的发展和生产
8	区域创新环境理论	欧洲创新环境研究小组（GREMI）的学者们	创新环境理论认为，新技术和新的产业活动空间集中为欠发达地区经济发展提供了动力。该理论的核心是探讨怎样的外部环境有利于新企业的产生和现有企业的创新，它强调产业区内创新主体的集体效率，强调创新行为的协同作用，并把创新网络和集体学习的概念应用到产业政策中去

表1-3(续)

序号	理论名称	代表人物	主要观点
9	区域创新系统理论	萨克森宁、斯科特、达维特等	区域创新系统是建立在本地企业间、企业与科研机构间长期合作的基础之上的,它具有开放性、本地化、动态性和系统性等特点。区域网络各个结点(企业、大学、研究机构、政府)在协同作用中结网而创新,并融入区域创新环境中而组成系统,即区域创新网络和区域创新环境有效叠加而成系统。该理论认为区域是企业的"群",这些区域由通过合作和竞争规则的企业网络构成,区域经济发展不是潜在合作对象的简单集合,而是系统整合

资料来源:①安虎森,朱妍. 产业集群理论及其进展 [J]. 南开经济研究,2003 (3):31-36.②谢贞发. 产业集群理论研究述评 [J]. 经济评论,2005 (5):118-123.③陈璐珊. 产业集群理论研究综述 [J]. 商场现代化,2010 (9):127-128.④张宝山,吕偶然. 西方产业集群理论研究综述 [J]. 全国商情(经济理论研究),2006 (4):31-33.

四、产业生命周期理论

一般而言,每个产业都要经历一个由成长到衰退的演变过程,一个产业从开始出现到完全退出社会经济活动所经历的时间就是一个产业生命周期,具体可分为初创阶段、成长阶段、成熟阶段和衰退阶段四个阶段。

产业生命周期理论主要是通过行业增长率、市场集中度、竞争状况、市场容量、利润率、技术成熟度等指标,将一个行业的发展过程分成幼稚期、成长期、成熟期和衰退期四个发展阶段(如图1-1所示),用以指导企业是否进入某个行业以及在现有各战略业务单元之间分配有限资源的战略决策的一种理论。该理论是企业战略管理实践和管理咨询中对企业进行外部环境分析时的重要工具和方法。

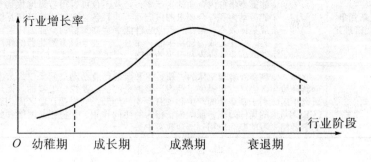

图1-1 产业生命周期的四个发展阶段

（一）产业生命周期理论的演进

产业生命周期理论是基于产品生命周期理论而提出的。1966 年弗农（Vernon）提出了产品生命周期理论，认为由于技术的创新和扩散，制成品和生物一样，也有一个生命周期。随后阿伯纳西（William J. Abernathy）和阿特伯克（James M. Utterback）等学者以产品的主导设计为主线将产品的发展划分为流动、过度和确定三个阶段，对产品生命周期理论进行了深化。1982 年，Gort 和 Klepper 在对 46 个产品进行长达 73 年的时间序列数据分析基础上，按产业中的厂商数目进行划分，建立了产业经济学意义上第一个产业生命周期模型。[①]

随后，学术界从不同角度对产业生命周期进行了更为深入的研究，重点研究方向包括：一是从实证的角度观察和分析产业生命周期曲线的形态；二是分析企业的进入、退出以及进入壁垒和退出壁垒等在产业生命周期的不同阶段的特点和表现；三是探讨产业生命周期演化的动力；四是研究制定相应的符合产业声明周期的产业政策。

同时，产业生命周期理论自诞生之日起就受到经济学和管理学研究者的关注，例如，在《竞争战略》一书中，迈克尔·波特（1997）论述了新兴产业、成熟产业和衰退产业中企业的竞争战略；John Londregan（1990）构建了产业生命周期不同阶段企业竞争的理论模型。一些战略管理理论则通过把产业的生命周期阶段和企业竞争地位作为两个纬度来分析，构成一个矩阵。企业可以根据业务在矩阵中的不同区域，做出不同的战略选择。例如：如果企业的业务位于矩阵的左上方，则处境有利，有宽广的战略选择余地；位于矩阵中阴影部分的业务应审慎地、有选择地发展；位于矩阵右下方的，处境可危，应考虑战略转移或退出。

（二）产业生命周期理论的主要观点

产业生命周期理论包括两大基础理论：A-U 产品生命周期理论和 G-K 产业生命周期理论，详见表 1-4。

① 陈兴林，王文燕. 汽车零部件业发展战略研究 [M]. 武汉：湖北人民出版社，2009.

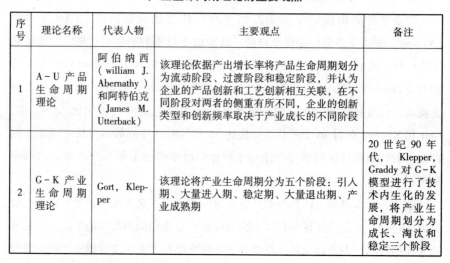

序号	理论名称	代表人物	主要观点	备注
1	A-U 产品生命周期理论	阿伯纳西（william J. Abernathy）和阿特伯克（James M. Utterback）	该理论依据产出增长率将产品生命周期划分为流动阶段、过渡阶段和稳定阶段，并认为企业的产品创新和工艺创新相互关联，在不同阶段对两者的侧重有所不同，企业的创新类型和创新频率取决于产业成长的不同阶段	
2	G-K 产业生命周期理论	Gort, Klepper	该理论将产业生命周期分为五个阶段：引入期、大量进入期、稳定期、大量退出期、产业成熟期	20 世纪 90 年代，Klepper, Graddy 对 G-K 模型进行了技术内生化的发展，将产业生命周期划分为成长、淘汰和稳定三个阶段

资料来源：①李玲玉. 论产业生命周期理论 [J]. 中国市场，2016（12）：64-65. ②刘婷，平瑛. 产业生命周期理论研究进展 [J]. 湖南农业科学，2009（8）：93-96. ③魏丽丝. 生命周期理论文献综述 [J]. 合作经济与科技，2014（24）：155-156.

五、产业组织理论

产业组织理论是微观经济学中的一个重要分支。该理论主要研究市场在不完全竞争条件下的企业行为和市场构造，目的是试图解决所谓的"马歇尔冲突"的难题（产业内企业的规模经济效应与企业之间的竞争活力的冲突）。

（一）产业组织理论的演进

通常认为，产业组织理论源于美国，产生于 20 世纪 30 年代。该理论的演进分为两个阶段。

1930—1979 年为第一阶段。以哈佛大学经济学教授贝恩为代表的哈佛学派，形成了著名的"市场结构-市场行为-市场绩效"范式，简称 SCP 范式。

1970 年至今为第二阶段。哈佛学派由于重经验研究，而缺乏系统的理论分析，不断受到其他学派的批评和挑战。从 20 世纪 60 年代末起，一些经济学家以 SCP 分析框架为前提，对产业组织理论进行了修正和补充，在 20 世纪 80 年代发展形成新产业组织理论。该理论从重视市场结构转向更加重视企业行为的分析。芝加哥学派、新奥地利学派和新制度学派是典型代表。

20 世纪 80 年代中期以来，进入了"后 SCP 时代"。以科斯等人的交易费用理论为基础，提出了从制度角度研究经济问题的"新制度产业经济学"，称为新制度学派。该学派认为制度是经济活动的内生变量，将研究重点深入到企业内部，进而研究企业内部产权结构和组织结构的变化。

（二）产业组织理论的主要观点

综合学者的已有研究，产业组织理论及其观点主要分为四大类："市场结构—市场行为—市场绩效"范式、芝加哥学派的观点、新产业组织理论以及新制度经济学，详见表 1-5。

表 1-5   产业组织理论的主要观点

序号	理论名称	代表人物	主要观点
1	"市场结构-市场行为-市场绩效"范式	贝恩（Bain）、谢勒（Scherer）等	美国哈佛大学产业经济学权威贝恩（Bain）、谢勒（Scherer）等人建立了 SCP（structure-conduct-performance，结构-行为-绩效）模型。SCP 框架的基本含义是，市场结构决定企业在市场中的行为，而企业行为又决定市场运行在各个方面的经济绩效。该模型提供了一个既能深入具体环节，又有系统逻辑体系的市场结构（Structure）-市场行为（Conduct）-市场绩效（Performance）的产业分析框架
2	芝加哥学派的观点	斯蒂格勒、德姆塞茨、波斯那、麦杰（Y·McGee）等	芝加哥学派更加重视对结构-行为-绩效的理论分析，主要理论思想范式是竞争性均衡模型。该理论认为应该从价格理论的基础假定出发，强调市场的竞争效率。其关键是提出了在长期均衡中的配置效率和技术效率，配置效率的条件是价格等于长期边际成本，技术效率的条件是价格等于企业长期平均成本曲线最低点。在竞争性模型中，配置和技术效率主要导源于两个结构性条件——买卖的数目和自由进入
3	新产业组织理论	考林（Cowling）、沃特森（Waterson）、威廉·杰克·鲍莫尔（William Jack Baumol）等	新产业组织理论突破传统的分析理念，重点研究企业在市场上的行为，寻求将产业组织理论与新古典微观经济学紧密结合的有效途径。研究方法上，主要运用数学方法和博弈方法，通过建立一系列的理论模型，探索企业行为的合理性并且强调经济福利问题。新产业组织理论将市场初始条件及企业行为看作一种外生变量，而市场结构则被看作内生变量，而且彼此之间不存在反馈线路。这些可视为是对传统的范式的修订和补充
4	新制度经济学	科斯、诺思、威廉姆斯和阿尔钦等	新制度经济学是近年来崛起的从制度角度研究经济问题的经济学流派。该理论将研究重点深入到产业组织内部，从企业"黑箱"内部的产权结构、组织结构的变化来分析企业行为，以及它们对市场绩效的影响。新制度经济学为企业行为的研究提供了全新的理论视角，对产业组织理论的深化起到了直接的催化作用

资料来源：①牛丽贤，张寿庭. 产业组织理论研究综述论［J］. 技术经济与管理研究，2010（6）：136-139. ②彭颖. 产业组织理论演进及其对我国产业组织的启示［J］. 资源与农业，2010（10）：174-176.

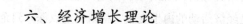

六、经济增长理论

毫无疑问，经济增长是经济学研究的永恒主题，也是全世界都普遍关注的重大问题。经济增长理论是研究经济决策如何控制生产要素的积累的一种理论，主要研究内容是分析长期经济增长的动力机制，以及如何实现可持续发展。

（一）经济增长理论的演进

经济增长理论的发展历史以 1928 年为分界点可以一分为二。

1928 年以前是经济增长理论的奠基阶段，称之为古典增长理论。古典的经济学理论强调发挥看不见的手的作用，重点对经济增长的动力机制问题做了分析，初步建立了经济增长理论的研究框架。

1928 年以后是经济增长理论的成熟阶段，主要包括新古典增长理论和内生增长理论等。现代经济增长理论的重点在于研究经济稳定增长的长期条件，即如何在长期内达到较低的失业率和通货膨胀率以及在适当的经济条件下的经济增长率这一目标，注重研究如何控制各种经济变量使其满足稳定增长条件。

（二）经济增长理论的主要观点

如前文所说，经济增长理论分为古典经济增长理论和现代经济增长理论，具体可分为 10 个理论学说：亚当·斯密的经济增长理论、马尔萨斯的经济增长理论、大卫·李嘉图的经济增长理论、穆勒的经济增长理论、马克思的经济增长理论、马歇尔的经济增长理论、哈罗德-多马模型、新古典经济增长经济理论、新剑桥学派经济增长模型、内生增长理论，详见表 1-6。

表 1-6 经济增长理论的主要观点

序号	理论名称		代表人物	主要观点
1	古典经济增长理论	亚当·斯密的经济增长理论	亚当·斯密	斯密（1776）认为经济增长表现为国民财富的增长，促进经济增长有两种途径：一是增加劳动的数量，二是提高劳动的效率。他认为分工协作和资本积累可以促进劳动效率的提高，是经济增长的基本动因；同时人口数量的增加会引起劳动数量的增长，从而引起经济增长。他还论证了国际分工通过自由贸易能促进各国劳动生产力的发展以及国外贸易增进消费者的利益
2		马尔萨斯的经济增长理论	马尔萨斯	马尔萨斯（1798）主要分析了人口与经济发展的关系，他认为增长的人口是一国幸福和繁荣的表现或结果；增长的人口是经济发展的重大约束条件。此外，马尔萨斯的经济增长存在极限的观点对我们当前的低碳经济发展同样很有启发
3		大卫·李嘉图的经济增长理论	大卫·李嘉图	李嘉图（1817）对经济增长的分析是围绕收入分配展开的，他认为长期的经济增长趋势会在收益递减的作用下停止
4		穆勒的经济增长理论	穆勒	穆勒（1848）把经济规律分为两类：生产的规律和分配的规律；同时把生产要素概括为四种：人口增长、资本积累、技术进步和自然资源
5		马克思的经济增长理论	马克思	马克思（1872）分析了经济增长的本质。他认为，一般来看，经济增长是物质财富本身或其内容的增长；从商品生产来看，经济增长是使用价值量和价值总量的增长；从资本主义生产过程来看，经济增长是生产过程和价值增值过程的统一。他认为影响经济增长的因素有三个：人口（劳动力）、资本积累和劳动生产力。在分析技术进步的原因时，马克思认为竞争促进了技术进步
6		马歇尔的经济增长理论	马歇尔	马歇尔（1890）对经济发展理论影响最大的是对经济发展过程的基本看法，他认为，经济发展是渐进的和谐的和经济利益逐步分配到社会全体的过程

表1-6（续）

序号	理论名称	代表人物	主要观点
7		哈罗德-多马模型	哈罗德（英）和多马(美)	哈罗德-多马模型是哈罗德（英）和多马（美）1948年分别提出的关于经济增长分析模型的总称。该模型以凯恩斯理论中关于投资-储蓄关系的理论为基础，主要研究在保持充分就业的条件下，储蓄和投资增长之间的关系。模型认为，一个国家国民生产总值增长率（△Y/Y）取决于资本-产出比率和储蓄率。从长期看，通过投资增加有效需求，从而为当期提供充分就业机会，企业生产能力扩大，结果引起下期供给大于需求，出现下期的就业缺口，这样就需要更多的资本形成。因此，不断地增加投资，是保证经济增长的唯一源泉
8	现代经济增长理论	新古典经济增长经济理论	罗伯特·索罗等	新古典经济增长理论的创立者是美国的经济学家罗伯特·索罗以及英国的经济学家斯旺。早在1956年，他们就分别提出了经济增长模型。但是首次提出该理论的是剑桥大学的弗兰克·拉姆，后来英国经济学家米德又进一步发展了新古典经济增长理论，并对其做了系统的研究。美国的经济学家萨缪尔森等在他们的经济增长理论中也提出了与索罗基本相同的观点
9		新剑桥学派经济增长模型	琼·罗宾逊（John Robinson）、卡尔多（N. Kaldor）和帕西内蒂（L. Pasinetti）	新剑桥学派的经济增长理论和新古典学派的增长理论，几乎是在同一时期形成的，由于前一学派的代表人物都任教于英国剑桥大学，又是马歇尔、庇古等人的老剑桥学派的晚辈，故该学派被称为新剑桥学派
10		内生增长理论	保罗·罗默，阿罗，宇泽弘文，卢卡斯，巴罗	由于储蓄率、人口增长率、技术进步是由人们的行为决定的，也是可以通过政策等加以影响的，在不同的经济中期水平很不相同。因此，当新古典模型不能很好地解释增长时，我们自然会想将储蓄率、人口增长率和技术进步等重要参数作为内生变量来考虑。从而可以由模型的内部来决定经济的长期增长率，这些模型被称为内生经济增长模型

资料来源：①高薇. 浅析现代经济增长理论的演变［J］. 技术经济与管理研究，2011（3）：71-73.②左大培. 经济学、经济增长理论与经济增长理论模型［J］. 社会科学管理与评论，2005（3）：33-44.③虞晓红. 经济增长理论演进与经济增长模型浅析［J］. 生产力研究，2005（2）：12-14.④拉沙米. 老挝金融发展与经济增长的关系研究［D］. 昆明：昆明理工大学，2013.

第二章 研究进展及述评

产业是国民经济发展的重要组成部分，依托产业的发展，才能不断促进人类社会的发展，满足人类日益增长的物质和文化生活的需求。受历史上几次科技革命的影响以及世界经济和贸易形势的发展变化，各个国家和地区也在不断寻求产业转型的路径和方法，国内外学术界对此的研究也十分丰富。目前，国内外学术界对产业转型的研究成果，主要集中在对产业转型的内涵和特点分析、对产业转型的影响因素分析、对产业转型的路径探讨等方面。

一、产业转型升级的内涵研究

（一）产业的内涵

在英文中，产业（Industry）既可以指工业，又可以泛指国民经济中的特定产业部门，如 IT 业、农业和服务业等，或更具体的行业部门，如纺织业、食品业、造船业等。

按照传统社会主义经济学理论的表述，产业主要指经济和社会物质生产部门。① 一般而言，每个部门都专门从事独立产品的生产和制造，每个部门都是一个相对独立的实体。早期西方传统产业组织理论中关于产业的定义指的是生产类似产品或提供类似服务（具有紧密替代弹性）的企业的集合。②后来，在此基础上，研究人员对产业的概念进行了定义，并形成了一定的共识，即产业是宏观与微观之间的概念集合，属于中观层面的经济学范畴。对于单一的微观经济企业来说，产业是具有相同性质的企业群体的集合；对于宏观经济来说，

---

① 杨帆. 社会主义市场经济理论［M］. 长春：吉林美术出版社，2013.
② 丁云龙. 产业技术范式的演化分析［M］. 沈阳：东北大学出版社，2013.

产业是国民经济根据共同标准而划分的部分，又是国民经济按一定标准而划分的部分。

苏东水（2010）认为，产业是具有某些同类属性的具有相互作用的经济活动组成的集合或系统。①

杨公朴等（2008）认为，在产业组织层面，"产业"是指"生产同类或有密切替代关系产品、服务的企业集合"。在研究整体经济运行中的企业间错综复杂的中间产品或最终产品的供给与需求关系，或者有必要审视整个行业的现状，以及不同产业间的结构和关联性时，"产业"可以界定为"具有相同原材料（相同工艺技术或生产相同用途产品）经济活动的集合"。②

简新华等（2001）认为，产业是指国民经济中以社会分工为基础，在产品和劳务的生产和经营中具有某些相同特征的业务单位和活动的集合。在国民经济中，从各类物质生产部门到提供各种服务的各行各业，都可以称之为产业。③

（二）产业转型升级的内涵

1. 产业转型内涵

关于产业转型的概念，国内学者们从不同的角度进行了相应的界定。梁启东（2001）认为，产业转型是结构调整、制度创新、机制重构以及观念转变的问题。④ 孙雪（2002）认为，狭义的产业转型可定义为由失去竞争优势的成熟产业或衰退产业向新兴产业或发展中的产业转移的过程；而广义的产业转型不是单纯的产业替代或转移，而是以社会经济可持续发展为目标的产业组织和行为方式的转变，是一个需要区域内和区域之间环境要素紧密结合的系统性工程。⑤ 徐振斌（2004）认为，产业转型指国家或地区在一定历史时期内，根据国际和国内经济、科技等发展现状和趋势，通过特定的产业、财政金融等政策措施，对其现存产业结构的各个方面进行直接或间接的调整。⑥ 柳建平和吉亚辉（2010）认为，产业转型是指产业结构布局的转变，从旧的产业结构布局

---

① 苏东水. 产业经济学 [M]. 北京：高等教育出版社，2010.
② 杨公朴，夏大慰，等. 产业经济学教程 [M]. 3版. 上海：上海财经大学出版社，2008.
③ 简新华，魏珊. 产业经济学 [M]. 武汉：武汉大学出版社，2001.
④ 梁启东. 资源枯竭城市如何实现产业转型 [J]. 中国林业，2001（15）：38-39.
⑤ 孙雪. 西部大开发中的产业转型策略研究 [D]. 大连：大连理工大学，2002.
⑥ 徐振斌. 新型工业化与产业转型 [J]. 商周刊，2004（9）：38.

转向以可持续发展经济为目标，以高新技术产业为先导、先进制造业为支撑、现代服务业全面发展的产业新格局。①

综上所述，本书认为，产业转型是指资本、劳动力、技术等各要素在高效化的基础上，向全球价值链上更高端的各个产业之间重新配置的动态发展过程，竞争力的提升是其最终目的，核心是转变经济增长动力和模式。

2. 产业升级内涵

从产业升级的研究历程来看，大致可以从宏观和微观两个角度对产业升级内涵进行剖析。

从宏观分析来看，产业升级的内涵是关注产业结构的转变以及与价值链理论的整合，通过各产业比例的变化来反映社会整体产业升级现状。西蒙·库兹涅茨认为，随着经济的增长，农业部门产值和劳动力比重逐渐下降，工业部门中的比重先上升后下降，服务业部门中的比重先缓慢上升后变为迅速上升。②其指明了经济发展过程中产业结构升级的基本模式。随着价值链理论的产生，学者们对产业升级进行了进一步研究。美国经济学家波特在研究企业竞争活动的基础上首次提出了价值链的概念，他认为，"每个企业都是用来进行设计、生产、营销、交货以及对产品起辅助作用的各种活动的集合"③，而这些活动都可以价值链形式表现出来，并且各项活动价值链的相互连接即可形成一种产业的价值链变化。

真正从产业链升级视角解释"产业升级"的研究，应以1999年格里菲等人创建的"全球价值链"（简称GVC）理论为重要标志。他将价值链延伸到全球商品链，并指出"产业升级"是从低技术含量、低附加值地位到全球价值链中高科技、高附加值地位的演进模式，并提出了两种价值链升级模式：生产者驱动型和购买者驱动型。④后来 J. Humplrey 等人又提出了在全球化商品链背景下产业链升级的四种重要方式：技术升级、产品升级、功能升级和价值链升级⑤，此研究集中探讨了全球商品链的内部结构关系，开启了价值链思路下产业升级研究的历程。

---

① 柳建平，吉亚辉. 城市经济学 [M]. 兰州：兰州大学出版社，2010.

② 西蒙·库兹涅茨. 各国的经济增长 [M]. 北京：商务印书馆，1985.

③ 迈克尔·波特. 国家竞争优势 [M]. 李明轩，邱如美，译. 北京：华夏出版社，2002.

④ GEREFFI G. International Trade and Industrial Upgrading in the Apparel Commodity Chain [J]. Journal of International Economics, 1999, 1（48）.

⑤ HUMPHREY J, SCHMITZ H. How does insertion in global value chains affect Upgrading industrial dusters [J]. Regional Studies, 2002, 36（9）.

国内学者也在宏观层面对产业转型升级概念进行了研究。景维民（2003）认为，产业转型是经济发展的过程性现象与结构性变化，反映了由资源配置条件与市场环境变动所带来的经济发展方式与产业结构变迁的现实。产业转型最初是指一个以新制度代替旧制度的过程，是实质性的改变和引入全新的制度安排。① 姜琳（2002）认为，产业转型是旧产业退出、新产业替代或是通过技术升级以完成产业升级，从表面上看是产业类型或产业发展阶段的转变，但从更深层次分析，产业转型的本质是在不断变化的环境中重新组合原有要素。②

随着研究的深入，学者们开始关注微观生产要素层次，从微观企业层次研究产业升级问题，认为企业向资本和技术密集型行业的转变带动了产业升级。丁焕峰（2006）发现技术进步会提高企业的生产效率，生产要素因此会向该部门流动，促进该产业的发展与升级。③ 苏东水（2010）运用经济演变规律对产业结构进行系统研究，认为产业结构总是同经济发展、经济增长相对应而不断变动的，这种变动主要表现为产业结构由低级向高级演进的高度化和产业结构横向演变的合理化，据此推动着经济的向前发展④。傅静（2012）认为，产业结构升级，包含着产业结构的高级化和合理化，既要在高级化过程中注重合理化，又要在合理化过程中促进高级化，其中产业结构合理化是指保持符合产业发展规律和内在联系的情况下，产业内部与人口资源环境、科技实力、市场容量、区位优势等产业外部因素协调发展。产业结构高级化是指在产业技术创新和产业转移承接的基础上，发挥主导产业和其他产业的作用，提高各产业的质量品质，以实现产业结构从低级到高级的演进过程。⑤

以上学者关于产业升级的概念还是存在较大差异的。国内学者的观点主要强调行业从低技术水平向高技术水平的转变以及从低附加值状态向高附加值状态的转变。而国外的观点则更加注重产业内部转型发展，即价值链的提升，或同一价值链的低端生产环节向两边高端生产环节转变。本书对产业升级的定义更倾向于产业沿着价值链向上提升或者向两端扩展，产业结构从低级到高级发展，最终实现产业链价值提升的目的。

① 景维民. 转型经济学 [M]. 天津：南开大学出版社，2003.
② 姜琳. 产业转型环境研究 [D]. 大连：大连理工大学，2002.
③ 丁焕峰. 技术扩散与产业结构优化的理论关系 [J]. 工业技术经济，2006（5）：95-98.
④ 苏东水. 产业经济学 [M]. 北京：高等教育出版社，2010.
⑤ 傅静. 资源枯竭型城市产业转型升级研究：以景德镇为例 [D]. 江西：江西师范大学，2012.

二、产业转型升级的动力和影响因素研究

（一）国外相关研究

国外对产业转型升级的研究可以分为几个不同的阶段。早期，国外学者们主要侧重于对产业结构以及演化规律的研究，亚当·斯密在《国富论》中虽然未明确提出产业结构的概念，但论述了产业部门演进的顺序。[①] 霍夫曼（1937）基于对近 20 个国家的经济发展时间序列数据，研究了工业化过程中产业结构的演变问题，并得出结论，产业间的关联效应是制造业内部结构变动的原因[②]。随后，一些学者根据发展中国家的具体背景，对发展中国家产业结构转型升级的表现形式、影响因素和政策制定等方面进行了研究，拓展了传统的产业结构理论，为产业转型升级提供了新的理论支撑。罗斯托（1963）提出，产业结构的变化其实是技术创新被经济增长所逐步吸收的一种过程，主导部门在扩张的同时应对其他部门从后向效应、侧向效应和前向效应三个途径产生扩散，最终会带动整个产业的发展。[③] 目前，在分析影响产业结构变化的影响因素的过程中大致形成了四种观点。

第一种观点认为，产业结构的变化是由生产要素驱动的。波特最早提出创新驱动发展的观点和著名的钻石模型，他指出，任何国家必须经历要素驱动、投资驱动、创新驱动和财富驱动四个发展阶段。[④] 要素驱动和投资驱动是靠自然资源、劳动力、资本投入等因素推动的，要素客观依赖性较强，存在阶段性和不可持续性。生产要素的推动可以理解为劳动、资本、资源投入量的变动或投入配置的变动，在完全竞争的市场中，要素从低回报部门流向高收入部门，例如配第·克拉克在土地和劳动生产要素的二元论中认为，劳动力从农业流入制造业，带来产业结构的优化。同时，钱纳里和奎赛因根据配第·克拉克和库兹涅茨的研究成果，在对结构变化和影响结构变化的因素进行全面分析的基础上，将研究领域扩展到中低收入的发展中国家，揭示了经济发展和结构变动的"标准形式"。

---

① 亚当·斯密. 国民财富的性质和原因的研究：上卷 [M]. 郭大力，王亚南，译. 北京：商务印书馆，1972.

② HELPMAN E. A Simple Theory of International Trade with Multinational Corporations [J]. Journal of Political Economy，1984，92.

③ 罗斯托. 从起飞进入持续增长的经济学 [M]. 贺力平，等译. 成都：四川人民出版社，1988.

④ 李丹. 从波特的钻石模型理论看中国制造业 [J]. 当代经济，2008（1）：130.

第二种观点认为产业结构的变化是由最终需求所驱动的。最终需求包括消费、投资、政府购买和净出口（出口减进口）。其中，消费结构可由消费者的效用函数和效用约束条件得到，当消费者的消费偏好和收入发生变化时，消费者就会调整其消费结构。德国社会统计学家恩格尔在大量调查统计的基础上，于1875年发表了题为《萨克森王国的生产与消费情况》的著名论文，该论文揭示了随着人均收入水平的提高，人们在食品消费中的支出比例趋于下降的规律，这一规律便是著名的"恩格尔定律"。① 此外，投资和出口结构的变化同样会导致产业结构的不断变化。赫希曼的不平衡增长理论认为，由于发展中国家资源稀缺，几乎不可能完全投资和发展所有部门，只有把有限的资源有选择地投入到某些行业，才能使有限的资源最大限度地发挥促进经济增长的作用。有限的资本在社会资本和直接生产资本之间的分配具有替代性，因而有两种不平衡增长途径：一种是"短缺的发展"，另一种是"过剩的发展"。②

第三种观点认为产业转型是由技术水平的提升推动。罗斯托（1956）是最早提出主导产业理论的学者之一，他提出的主导产业理论指出，在技术变化过程中，创新活动突出的主导行业对产业结构的影响比较明显。在其1988年出版的《从起飞进入持续增长的经济学》一书中，他突破了传统的总量分析的方法，采用非总量的部门分析法，根据技术标准把经济成长阶段划分为传统社会、为起飞创造前提、起飞、成熟高额群众消费、追求生活质量五个阶段，每个阶段的演进是以主导产业部门的更替为特征的，在经济增长的每个阶段，都有相应的主导产业部门。主导部门通过回顾、前瞻、旁侧三种影响带动其他部门发展，主导的部门序列不能随意改变，任何国家都必须经历从低到高的发展过程。③ 其提出的经济增长阶段论独树一帜。

第四种观点认为产业转型是由政策性因素推动。经济政策是国家宏观调控的重要手段，能够推进产业结构合理调整和优化升级。19世纪40年代，德国历史学派的代表李斯特发表了他的名著《政治经济学的国民体系》，从历史的角度对各国的经济与政策进行了比较分析，并特别对比了英国的自由贸易政策与海外扩张政策，以及美国的关税保护与产业扶植政策，提出国家应在经济发展的不同时期采取不同的经济政策。④ 在产业政策理论早期发展史上，较有影

① 孙云奋. 我国产业结构合理化和高级化：从技术角度切入 [D]. 天津：南开大学，2005.
② 魏后凯. 区域经济发展的新格局 [M]. 昆明：云南人民出版社，1995.
③ 罗斯托. 从起飞进入持续增长的经济学 [M]. 贺力平，等译. 成都：四川人民出版社，1988.
④ 李孟刚，蒋志敏. 产业经济学理论发展综述 [J]. 中国流通经济，2009（4）：31.

响的是由美国第一任财政部长汉密尔顿在 1791 年 12 月提交给美国国会的《关于制造业问题的报告》。在报告中，汉密尔顿对于发展制造业的重要性、如何克服发展制造业的困难及心理障碍、美国制造业的状况以及促进制造业发展应采取的措施进行了分析和论述。① 此外，日本是典型的通过制定和实施产业政策从而实现产业振兴的国家。日本政府早在明治维新期间，就提出了"殖产兴业，富国强兵"的口号，制定了各种关于产业结构调整和升级的法规和措施。② 1970—1972 年，联合国经济合作与发展组织（OECD）曾经对其 14 个成员编写了一系列关于产业政策的研究报告，这标志着全世界首次普遍接受产业政策概念。当时，日本经济学界为产业政策的制定和实施提供了理论依据，并对产业经济理论进行了广泛而深入的研究，取得了很多著名成果，如小宫隆太郎的《日本的产业政策》、筱原三代平的《产业结构论》、宫泽健一的《产业经济学》等。日本学者将以往的西方产业经济理论高度概括为一个新的理论体系，编撰出第一本以《产业经济学》命名的著作，标志着一个新的经济学分支——产业经济学的诞生。③

（二）国内相关研究

国内对于产业转型升级的影响因素研究起步比较晚，但基本是按照西方国家的研究思路和路径对我国的产业发展的进程和规律进行研究，并没有形成相应的理论体系，主要通过从不同的角度研究不同因素对产业转型升级的影响。

一是需求因素。卢福财、胡平波（2008）提出要扩大国内市场有效需求，并从需求结构上推动消费需求升级，为促进企业成长进而带动产业升级创造良好的市场空间。④ 张杰、刘志彪（2008）认为，中国目前消费结构正处于高级化阶段，而且国内市场巨大，要实现全球化条件下的产业升级，其重要途径是实现国家价值链与全球价值链的协调。而构造基于现代产业体系导向的国家价值链，则需要整合中国企业的商业网络及产业循环体系，塑造国家价值链治理结构，调整区域产业结构，为企业升级为价值链的高端环节提供多元化的市场

---

① 赵红磊，王文君. 从汉密尔顿的三个报告看其经济思想 [J]. 法制与经济，2011（8）：104.

② 佐贯利雄. 日本经济的结构分析 [M]. 周星云，杨太，译. 沈阳：辽宁人民出版社，1988.

③ 高培亮. 产业结构调整的西方学者研究述评 [J]. 中国市场，2015（12）：120.

④ 卢福财，胡平波. 全球价值网络下中国企业低端锁定的博弈分析 [J]. 中国工业经济，2008（10）：23-32.

发展空间。① 洪银兴（2014）认为，内需型产业结构的重要特征是服务业尤其是现代服务业的快速增长。创新和市场是产业结构调整的两大杠杆。市场选择和优胜劣汰淘汰过剩产能，产业创新支持战略性新兴产业的发展。②

二是技术创新因素。王元地等（2007）主要研究了自主创新对产业结构优化升级的影响，他指出，技术创新就是导入一种新的生产函数，从而可大大提高潜在的产出水平，而产业结构升级的过程就是伴随着技术进步和生产社会化程度的提高，不断提高产业结构作为资源转换器的效能和效益的过程。因此，技术创新也就成为产业结构升级最直接的推动力。③ 唐清泉、李海威（2001）以广东省为例，考察了经济增长与 R&D 投入产出弹性和产业结构的关系，经过实证分析，得出研发创新是影响产业结构和促进产业转型升级的重要因素这一结论。④ 张其仔（2008）基于比较优势理论，提出产业升级的技术路径是分岔的，即产业的非线性升级，同时，由于技术进步的扩散效应，因此具有促进行业开放的因素。⑤ 舒元、才国伟（2007）利用数据包络分析（DEA）方法对我国各省区全要素生产率、技术效率和技术进步指数进行测算，并以北京、上海、广东等省市为例指出，技术扩散效应依赖于空间距离及扩散地区的资源结构，技术扩散地区的技术进步能带动人力资本投资、产业结构调整和专业化。⑥ 张杰等（2007）分析了产业集聚视角下主导企业与跟随企业的多维技术溢出效应，指出技术的单向溢出和双向溢出对企业创新能力的不同程度影响，由此提出通过改变企业间的相互依赖关系，形成以主导企业为核心的产业链，能解决提高产业集群的创新能力和产业升级难题。⑦

三是政策制度因素。杨治（1999）最早将产业结构的概念引入国内的学术界，在深入地研究了我国产业结构优化以后，认为产业政策是影响我国产业

① 张杰, 刘志彪. 制度约束、全球价值链嵌入与我国地方产业集群升级 [J]. 当代财经, 2008 (9)：84–91.

② 洪银兴. 产业结构转型升级的方向和动力. [J]. 求是学刊, 2014 (1)：58.

③ 王元地, 朱兆琛, 于晴. 试论自主创新对产业结构升级的作用机理 [J]. 科技管理研究, 2007 (12)：13.

④ 唐清泉, 李海威. 我国产业结构转型升级的内在机制研究：基于广东 R&D 投入与产业结构的实证分析 [J]. 中山大学学报（社会科学版）, 2011 (05)：191.

⑤ 张其仔. 比较优势的演化与中国产业升级路径的选择. [J]. 中国工业经济, 2008 (9)：58–68.

⑥ 舒元, 才国伟. 我国省际技术进步及其空间扩散分析 [J]. 经济研究, 2007 (6)：106–118.

⑦ 张杰, 张少军, 刘志彪. 多维技术溢出效应、本土企业创新动力与产业升级的路径选择：基于中国地方产业集群形态的研究 [J]. 南开经济研究, 2007 (3)：47–68.

结构优化的重要因素。① 张晖（2011）认为，从新制度经济学的角度看，产业升级是一个制度变迁的过程。其规模报酬、协调效应、适应性预期、转换成本及利益集团等影响制度变迁的因素都会对产业升级造成影响。因此政府有必要从外部加强关键制度的供给，企业则要从内部加强制度创新，两者共同作用以打破阻碍产业升级的"路径依赖"。②

此外，一些学者从就业结构、创新能力和外国投资等不同角度分析了影响和决定产业转型升级的因素。与单因素视角的研究结果相比，从综合的角度来看，多因素影响产业转型升级的文献较少。

其中，有代表性的成果如下：王述英（1999）认为，决定产业转型升级的三个因素是：国际贸易，收入需求结构的变化，技术进步和劳动生产率的相对变化。③ 杨建文（2003）认为，产业结构调整是产业载体在任何时期受到劳动力、资本、技术和制度等因素及其变化的影响，并且依据"成本-效益"原则在进行重新配置而产生的产业分化和重组的过程。④ 原毅军等（2008）在分析了现有的研究成果和实际情况以后，认为在经济增长中，能够引起产业结构变动的因素有很多，其中主要起制约作用的有环境、人口、技术进步、消费结构和经济发展等因素，这些因素通过需求和供给发生作用。⑤ 李慧媛（2010）基于面板模型，从主导产业、科技投入、开放性和能源利用效率四个方面实证分析了中国产业结构优化升级的影响因素，结论认为科技投入和开放性是影响我国产业结构优化升级的强效因素，而主导产业和能源利用效率是弱效因素。⑥ 徐宁（2011）则在分析了苏南产业结构调整特点的基础上，研究了调整产业结构有序发展的相关因素，认为"劳动生产率差异、所有制结构变动、出口导向型经济、技术进步和收入分配状况是推动产业结构有序发展的重要因素。"⑦

---

① 杨治. 产业政策与结构优化 [M]. 北京：新华出版社，1999.

② 张晖. 产业升级面临的困境与路径依赖：基于新制度经济学视角的分析 [J]. 当代财经，2011（10）：116-122.

③ 王述英. 现代产业经济理论与政策 [M]. 太原：山西经济出版社，1999.

④ 杨建文. 产业经济学 [M]. 上海：学林出版社，2003.

⑤ 原毅军，董琨. 产业结构的变动与优化：理论解释和定量分析 [M]. 大连：大连理工大学出版社，2008.

⑥ 李慧媛. 基于面板数据模型的我国产业结构优化升级的影响因素分析 [D]. 杭州：浙江大学，2010.

⑦ 徐宁. 苏南产业结构调整及其影响因素研究 [D]. 南京：南京航空航天大学，2011.

三、产业转型升级的路径选择研究

随着中国工业化进程的加速，推动中国经济结构转型和产业升级的路径方法逐渐受到政府和学者们的广泛关注。

蒋兴明（2014）[①] 认为，可以从不同的角度审视产业转型升级，通过发挥研发、品牌、标准、市场、政府的作用是实现产业转型升级路径的一种思考。他认为，研发是企业提升技术水平、技术先进企业保持其领先地位和技术落后企业实现颠覆性技术发展的最基础和最关键的因素，是产业提高核心竞争力、实现产业转型升级的最基础和最关键因素；而实施品牌战略，从客观上要求政府部门须简政放权，让市场在经济发展和资源配置中起决定性作用，为企业营造良好的生存环境。同时，还要求知识产权保护部门真正加强对知识产权的保护，尊重原作者的劳动，为创新提供保障；行业标准的制定对产业转型升级最大的作用在于促使行业内大多数企业提高技术水平，提高产品质量，完善生产管理方式，采取节能减排措施，达到行业标准，从而促进产业链和价值链的转型升级；市场则可通过需求、价格等机制发现落后产业，并促使落后产业转型升级，转型升级成功的产业可在市场中继续生存，而转型升级失败的产业则被淘汰出局；政府可通过引导，培育产业转型升级的环境和为产业转型升级提供资金保障。

王小明（2017）[②] 对影响传统优势产业升级发展的因素进行了分析，构建了基于外生动力的区域传统优势产业升级发展系统模型，并提出了区域传统优势产业升级发展模式的优化路径。他认为应优化区域传统优势产业的升级和发展模式。一是必须跳出"区域锁定"，产业由地域根植向全球布局拓展，从区域产业的战略高层次全球价值网络重构产业发展框架，并与全球产业布局有机地接轨，塑造有利于区域传统优势产业升级发展的全球新布局。二是由要素驱动向创新驱动转变，科技创新、技术领先、高附加值和产品性能升级等促进业空间布局及其结构形态的改变因素，决定了产业升级发展的特征和方向。随着发展环境的不断变化，低劳动力成本、低土地成本已成为过去，只有从要素驱动向创新驱动转变，才能使其价值链从低层次跃升到高层次。三是低端锁定

① 蒋兴明. 产业转型升级内涵路径研究 [J]. 经济问题探索，2014（12）：47-49.
② 王小明. 外生动力视角下区域传统优势产业升级发展研究 [J]. 财经问题研究，2017（6）：31.

向价值高端攀升，传统优势产业要实现更好更快发展，必须突破全球价值链低端锁定，立足于自主创新和高级生产要素培育向价值链高端攀升，增强自主创新能力以降低对外技术的依赖性，构建以超比较优势为核心的梯形产业发展战略模型，助推产业价值链条升级，促进传统优势产业向全球价值链高端攀升。四是从个人创新扩展到集群开放式创新。应大力促进集群开放式创新，探索多维的区域内外新型创新合作方式，通过产业集群的综合创新，实现关键与前瞻性技术的突破，使区域产业技术进步真正建立在自主创新基础之上，进一步增强传统优势产业主体的"收集—消化—再创新"能力。五是从集聚发展到协同和整合发展的跨越，顺应全球产业融合的浪潮，结合区域传统优势产业的比较优势，加强产业结构、产业要素、产业布局、产业市场和产业制度等方面的协同融合作用，从而形成协同融合发展的多赢局面。

此外，在研究了国内其他学者关于产业转型升级路径的研究后，王海杰（2013）[①] 将中国产业升级的路径大致划分为三种。①技术路径：原始设备制造（OEM）—原始设计与制造（ODM）—自主品牌制造（OBM）；②功能路径：模块化生产；③区域发展路径：OBM 的阶段性渐进升级。黄永明等（2006）[②] 认为，产业升级路径的关键在于加大研发投入，培养技术创新能力，掌握核心技术，实现增长方式由要素驱动向创新驱动转变。张少军、刘志彪（2010）[③] 认为，为了在动态的竞争环境中摆脱低端锁定和缩小地区差距，较为可行的途径是，应在地理位置接近的地区之间，通过区域一体化来构建规模相对较小的国内价值链，然后基于其"极化效应"和"扩散效应"，与其他区域的国内价值链对接和互动，最终在全国范围内实现国内价值链的构建。

综上所述，现有产业结构升级的成果已经比较丰富。本章对国内外关于产业结构转型升级的概念解析、影响因素分析、升级路径选择等各个方面进行了梳理，对研究探索重庆产业转型升级发展的路径具有一定的借鉴参考意义。

① 王海杰. 全球价值链分工中我国产业升级问题研究述评 [J]. 经济纵横，2013 (6)：114.

② 黄永明，何伟，聂鸣. 全球价值链视角下中国纺织服装企业的升级路径选择 [J]. 中国工业经济，2006 (5)：56-63.

③ 张少军，刘志彪. 区域一体化是国内价值链的"垫脚石"还是"绊脚石"：以长三角为例的分析 [J]. 财贸经济，2010 (11)：118-124.

第三章 国内外产业转型升级的经验借鉴

产业转型升级，是工业化中后期提升区域竞争力的重要路径，也是经济持续增长的推动力。重庆市作为西南地区经济发展的重要增长极，在产业转型升级的过程中，拥有"一带一路"、长江经济带和西部大开发等重大国家战略叠加的良好发展机遇。与此同时，目前重庆市正处在工业化的中后期阶段，随着城市化进程的不断加快，以及水、土地等资源短缺的日益严重，产业转型升级受到资源和环境的约束也在日益加大，面临可持续发展的挑战。借鉴国内外产业转型升级的成功经验，再结合重庆市自身产业发展，总结出有效的应对措施，对于重庆市寻求经济增长新动力，实现产业升级和功能转型，保持重庆市经济社会持续健康发展有着重要的意义。

一、国外产业转型升级经验借鉴

（一）美国波士顿：科学技术引领产业转型

波士顿的产业结构调整是后工业转型的成功范例，以纺织和皮革制品为主的传统制造业成功地转变为高科技、金融和商业服务等新型行业，使其一跃成为美国金融、贸易、教育和技术中心城市之一，其发展经验值得重庆市参考借鉴。

专栏 3-1 美国波士顿：科学技术引领产业转型

作为美国重要的工业大都市区，波士顿可以称得上美国工业的摇篮。早在19世纪初，波士顿就成为美国的主要贸易港口和渔港。工业化开始后，波士顿迅速繁荣，制造业由劳动密集型和资本密集型轻工业主导。由于波士顿缺乏自然资源，但劳动力和资本比较充足，因此纺织、皮革和服装工业成了其产业支柱。但自 20 世纪 50 年代以来，由于其传统制造业的企业逐渐转移到南方等低成本地区，波士顿的传统制造业进入衰退期。后来，波士顿开始关注产业结构的调整，研究制定了"波士顿创新体系"，其具体指标为：拥有极为优秀的高等教育机构，在数学与科学领域持续不断增长的学生基数；受过高等教育的年轻工作者及其家庭；可获得私人风险投资和公共研究基金；可变迁的文化和相互沟通、交流的社区；公共交通系统；附近拥有休闲娱乐区和自然生态区域。到 20 世纪末，波士顿迅速调整了高科技产业的结构，软件产业、电子通信产业、计算机外围设备生产和生物技术领域的崛起，彻底改变了对特定行业过度依赖的局面。目前，由于高精科技人才和高等教育机构的聚集整合，保证了源源不断的科技创新成果的形成，形成了一种聚变效应，波士顿实现了最新一轮转型，利用全球化发展高科技产业，参与全球城市竞争与合作，这种高端定位使波士顿成为世界上最重要的金融、教育和高科技中心之一。

资料来源：①陈树志. 波士顿产业转型启示 [J]. 投资北京，2009（6）：37-39.②李健. 国际城市产业转型的理论、经验与启示 [J]. 现代经济探讨，2014（2）：82-87.

波士顿高科技产业发展的经验有以下四点：

第一，依据自身优势，科学定位自身发展。面对传统制造业的衰落，波士顿充分利用其在教育和地理位置上的优势，着眼于发展现代服务业如金融和医疗保健等第三产业，同时工业方面由传统制造行业转向高新技术产业，非常成功地完成了城市产业转型。波士顿产业发展经验说明，一个城市或地区的产业转型能够依据其特有的功能定位而发挥作用，该城市或地区可以特定功能性产业及自身优势作为切入点，成为产业网络化中的一个重要节点，从而在本国乃至更大范围发挥重要作用。

第二，推进产学研融合，将知识优势转化为产业优势是波士顿高科技产业发展的重要特征。波士顿市内有 16 所大学，西郊的剑桥为大学城，有著名的哈佛大学、麻省理工学院等；还有国家航空与宇航局电子研究中心等重要科研机构。波士顿大都会区拥有超过 100 所大学，依托哈佛大学、麻省理工学院等世界一流学府作为波士顿高新技术的核心支撑，波士顿通过优质的成果转化，科技成果和智力资源优势得到高效应用，并实现商业化覆盖，且知识产权成为科技创新的最大激励。通过不断的研究创新应用，主导产业的多元化发展大大推动了波士顿的产业发展。

第三，强调政策法规的应用，强调产业转型的发展规划。波士顿的经济增长和成功实现产业转型受益于新的政策、法律和促进计划。首先，政府通过投资改善了城市大部分基础设施及住房，并指定了专家团队来研究和发展高速铁路。轨道交通的大力发展，使城市的公共交通体系得到有力保障，城市变得更有活力，同时也营造了一个良好的投资环境。通过这种方式，随之而来的是大量私人投资，州立大街亦成为城市金融区的核心。其次，大力支持其产业发展。为了促进高科技产业的发展，政府提供了大量资金用于大学以及高科技公司的科技研发和减税。与此同时，市政府还试图加强大学与产业之间的联盟，为企业和劳动力的发展提供各种服务，以进一步促进高新技术产业的发展。

第四，金融业和风险投资在高新技术产业的发展中发挥了重要作用。利用金融和风险投资共同促进科技公司的成长，同时建立良好的科研成果转化机制，实现了区域资金和信息的良好流动，波士顿已成为仅次于硅谷的美国第二大风险投资基地。波士顿地区风险市场高度成熟，市场监管到位，退出机制灵活完善，保障了科技创新的持续，也促进了金融业与高科技企业的联动发展，使风险投资在波士顿得到极快的发展。专业的高科技风险投资公司、天使投资人和天使投资联盟等风险投资机构的纷纷入驻，推动了科技成果转化率的不断提高，在风险投资推动下，波士顿的科技成果转化率和中小科技企业成长速度都远远领先于美国其他城市，有力地促进了波士顿高新技术产业的快速发展。

波士顿是借助地区产业结构调整从而获得巨大成功的典型范例，有力地证明了老工业城市可以通过不断创新，调整产业结构，大力发展智力密集型服务业和高新技术产业而重新崛起。重庆目前的发展与波士顿有异曲同工之妙，只要根据中央和地方人民政府的要求制定有效的城市发展战略，充分发挥政府和市场在产业结构调整中的双重作用，重视行业教育和人才培养储备，注重产业结构多元化，加强产业的整合，将在今后的发展中先人一步，成为西南地区的一颗耀眼明珠。

（二）韩国：新兴产业带动产业转型

自20世纪60年代以来，韩国根据自身经济发展的需要，不断对其产业结构进行调整，成功地从中等收入国家迈入高收入国家行列。在其经济发展过程中，韩国创造了令人瞩目的"汉江奇迹"，也经受住了1997年的亚洲金融危机的考验，通过不断改革更新，迅速走上经济复兴之路。借鉴韩国政府推动经济转型的经验，可以为当前重庆市经济转型升级提供借鉴。

专栏 3-2　韩国：新兴产业带动产业转型

20 世纪 60 年代，韩国政府开始全面发展经济，实施"出口导向"的经济发展战略，积极引进外资和工业技术，完成了工业产品资本密集型原材料的进口替代，使资本密集型产品逐渐成为经济增长的主要动力。到了 20 世纪 70 年代，韩国的产业政策从鼓励出口转向优先发展重化工业，使其重工业结构进入高端化。在此期间韩国的工业化进程大幅提升，被誉为"汉江奇迹"。20 世纪 80 年代初，政府对经济的过度干预导致企业失去了改进技术和提高劳动生产率的动力。同时，依靠技术引进也导致韩国国内技术研发能力薄弱，难以形成自主的产业结构。韩国政府意识到，有必要通过技术改造提升出口产品质量，提升不合理的产业结构。因此，韩国政府及时做出促进经济转型的重要决策，坚持出口主导型发展战略，对纺织、水泥、石化、钢铁、家电、汽车等传统产业进行技术改造和升级，以提升工业附加值。同时，韩国政府通过宏观层面的规划，扩大政策和财政支持，在科技研发上投入大量资源，鼓励民间力量引进先进技术，将培育机械、电子、精细化工、航空航天、生物工程等高新技术产业作为经济发展的新引擎。例如，韩国政府将电子和电气工业作为技术引进的重点，将生物技术纳入国家研究和发展计划，并颁布和实施了"生物技术促进法"，鼓励和支持大学生物技术研究和开发机构的建设。这一系列的产业结构调整为韩国经济的快速发展奠定了重要基础，韩国的工业化逐步成熟。进入 20 世纪 90 年代，随着经济自由化和国际化趋势的日益明显，韩国在 1995 年迅速推动了经贸自由化，全面开放国内市场，推动技术创新，由此进入高收入国家之列。1997 年亚洲金融危机爆发，韩国经济遭受重创，不得不接受 IMF 等国际组织的紧急融资，同时也必须遵循 IMF 提出的改革措施，包括金融、公司治理改革、劳动和公共改革在内的四大经济改革，此举也促进了韩国经济的最终转型。之后，其经济实现了"V"形回升，于 2001 年重新进入高收入国家行列。直到今日，韩国在科技创新方面进一步加强，继续推动国内高新科技制造技术不断升级，并适时推出了文化立国战略，积极推动文化产业的发展，目前在信息通信、汽车、造船、化工等领域获得了较强的国际竞争力，跻身先进的工业化国家行列，同时，人民生活水平持续提高，快速达到中等发达

国家水平。

资料来源：①沈正岩. 产业转型升级的韩国经验［J］. 政策瞭望，2008（3）：48-49.②胡李鹏，谭华清. 韩国产业升级的过程与经验［J］. 现代管理科学，2016（1）：33-36.③黄娅娜. 韩国促进产业转型升级的经验及其启示［J］. 经济研究参考，2015（20）：84.

韩国产业转型发展的经验有以下四点：

第一，政府积极调整经济政策，促进产业转型升级和经济振兴。韩国经济的快速发展与政府推动产业政策、技术创新政策、产业集群政策等经济政策密不可分。20 世纪 80 年代初的经济困难使韩国政府开始意识到过度采取行政措施取代市场机制的危害，因此，国内经济政策调整的重点转为减少行政干预，重视市场经济的作用，从而促进贸易自由化和企业竞争。韩国政府在财政、税收和对外贸易等方面进行了一系列政策上的调整，为实体经济的资本和技术积累创造了条件，促进了产业的发展和经济的振兴。此后，韩国通过法律来确定产业政策，而关于高质量、高新技术产业转型升级的一系列决策和行动取得的成功，证明了政府根据经济发展阶段的变化适时对经济发展策略进行调整，推动经济转型的重要性和必要性。

第二，选择和重点支持主导产业，加大科研投入，加快产业转型升级。过去几十年来，韩国从技术引进使用者到部分产业领域的技术领导者经历了多次产业转型和升级：20 世纪 60 年代，韩国实行了"重工轻农、重出口轻内需"的倾斜产业政策；20 世纪 80 年代后，韩国提出发展知识密集型和高科技技术产业；进入 21 世纪，韩国政府又把信息技术产业作为本国的重点发展产业。韩国政府在特定阶段采取的都是有时代经济特点、有针对性的产业政策，选择和重点扶植主导产业，增加科研投入，加快产业转型升级。

第三，高度重视人力资源开发。韩国推行了"提高高等教育，加强职业技术教育"等一系列教育方针政策，并通过自主培养、海外培训和人才引进，培养了一批结构层次合理的高端专业技能人才。如三星企业集团每年用于培养人才的经费高达 6 000 多万美元，人均投入相当于美国、西欧等大中型企业的 2 倍。[1]

第四，鼓励创新创业，推动创意经济发展，鼓励科技成果市场化和产业化。韩国政府积极构建科技创新体系，采取了大量措施保护知识产权，鼓励创

---

[1] 黄娅娜. 韩国促进产业转型升级的经验及其启示［J］. 经济研究参考，2015（20）：84.

新创业，维护科技创新成果。韩国企业积极开展自主创新，重点根据市场需求确定研发项目，新技术产业化、商品化能力位居世界前列。据统计，韩国新技术转化周期是世界上最短的。

（三）日本：循序渐进调整转型

为了实现赶超欧美发达国家的目标，二战后的日本选择不同的产业作为不同发展阶段的主导产业。其产业转型升级的路径与韩国基本一致，"循序渐进"的产业结构调整模式使日本经济全面复苏，一跃成为世界经济强国。通过日本九州工业区的产业调整可一窥日本国内的产业结构调整脉络，对于国内资源枯竭型城市产业转型发展具有较好的借鉴意义。图3-1为日本产业转型升级的时代演变图。

图3-1　日本产业转型升级的时代演变图

日本的经济转型具备了全球性的战略眼光，其循序渐进的产业政策遵循了产业经济转型发展的基本规律，开创了一条攀升国际产业链高端环节的发展路径。其产业转型升级发展的经验包括以下六点：

第一，产业政策是产业转型升级的主要推动力。每隔5到10年，日本就会出台一个促进产业结构调整的中长期总体规划，前瞻性地确定下一步产业结构调整思路和发展方向，并在各个阶段适时调整不同的主导重点产业。在合理利用产业政策手段方面，日本政府合理运用财政、金融等多种工具和手段，注重产业组织政策和产业结构政策的相互补充和协调运作，促进产业结构的不断转型升级。

第二，日本产业结构高端化升级符合产业结构演变规律。产业结构的高端升级是通过产业创新转变高附加值产业，以提高经济增长速率。二战后日本的制造业结构实现了"劳动密集型→重化工业→高加工装配业→技术密集与服务型"的转变，其产业结构的调整符合产业结构的演变，真实反映了日本当时生产力发展的水平。此外，技术进步是促进产业升级和转变经济发展方式的关键因素。日本在产业结构升级过程中，先后经历了"技术引进—模仿—消化吸收—创新—自主创新"的发展路径，虽然在不同发展阶段的技术水平存在较大差异，但始终紧抓核心技术的关键环节，与国际关键技术接轨，逐步建立起国内技术创新体系。从实践来看，日本的技术引进非常注重与其产业结构调整的匹配，并在消化吸收的基础上加以研究、改进和创新，不断超越，逐渐形成自身的技术优势。

第三，日本每次经济转型都伴随着产业向外部转移。二战后的日本率先实现工业化，在产业转移方面一直奉行"边际生产转移理论"，坚持有序的梯度转移。① 第一次产业转移是由于日本为了在国内确立"资本密集型"产业的主导地位，产业结构开始向重化工业转变，因此开始把纺织业向国外转移；第二次产业转移是向发展中国家转移能耗高、高原料需求、高污染的产业，其目的是在国内发展"技术密集型"产业；第三次产业转移是实施"走出去"战略，日本制造业促进营销本地化和生产本地化以降低成本。日本的三次产业大规模转移，依次把成熟或潜在的劣势产业转移到亚洲"四小龙"、东盟诸国以及中国东部沿海地区，以此形成了以日本为主的产业链和贸易圈，塑造了"海外日本"。此外，政府对衰退产业和衰退产业集中地区的转型发展进行了大力引导与扶持援助。

第四，日本资源节约型和高附加值的产业能更好地解决能源环境危机。日本产业结构调整的目的就是将产业结构从过去的"大增长"转变为"短而薄"，转向节能、技术密集型、高附加值产业，特别是减少对石油的依赖，从源头上解决污染和环境问题。

第五，合理利用法律是日本产业调整的重要抓手之一。法制化保障了日本经济转型升级的长期性、规范化和科学化。二战后，日本在产业发展的每个阶段，都出台了稳定产业发展的有关法律法规，确保产业结构调整和产业发展有据可依、有法可循。

第六，高度重视产业人才培养和人力资本的不断投入。日本将培养工业人才和促进人力资本的发展作为提高经济效益和生产力的重要手段之一。自明治维新开始以来，日本就强调建设高科技大学，培养了大量的科技人才，为日本的产业发展和效率提升做出了重大贡献。另外，日本还将重点放在职业技术教育和培训上，强调技术教育的内容和产业劳动力需求的匹配，以适应经济发展和技术变革过程中劳动技能要求的变化。日本绝大多数企业都建立了员工终身学习制度，高效优质的职业教育体系是促进日本经济发展与持续改善的一个重要因素。

---

① 董小君. 日本经济转型的经验与借鉴意义 [J]. 行政管理改革，2013 (11)：48.

专栏 3-3　日本"北九州工业区"产业结构调整

日本"北九州工业区"位于日本四大岛之一的九州岛的北端。二战后，日本为了恢复经济，实行"倾斜生产方式"，政府产业政策支持的重点已转向资本密集型产业，基础产业和原材料产业逐渐让位于新兴加工产业。20世纪五六十年代，日本政府确立了以重化工业为主导的产业政策，钢铁、石化、化纤、汽车、家电、造船等产业蓬勃发展，特别是配套的生产型服务业迅速发展，"北九州工业区"成为日本生产基础原材料工业的基地。

20世纪70年代后，这个阶段日本经济增长是粗放型模式，产能过剩，高耗能、高污染问题严重，由于石油危机等原因，日本的能源政策发生了根本性的变化，"北九州工业区"开始走向衰落。而此时，为应对危机，日本政府加快了产业结构调整，重点发展技术密集型产业，加强技术开发，加大科技投入力度，加快电子信息和能源电器的发展。同样，"北九州工业区"在此次经济结构转型过程中，并没有简单地在原有产业基础上向前或向后延伸产业，而是对该地区的区位优势进行重构，突破固有的产业结构，培育新兴替代产业，充分利用大量富余的廉价劳动力、良好的空气质量和水质以及发达的航空运输设施等区位优势，发展集成电路（IC）产业，实现产业结构的多元化和高度化。IC产业使该地区经济重新焕发活力，不仅推动了地区的经济发展，而且形成产业集聚效应，促进了地区高新技术产业的发展。

20世纪90年代后，日本制定了以新技术为基础的国家战略，积极推动从外需型向内需型转变。从关注汽车和电子行业的"主要集中型"到促进新兴和未来行业，形成"多层次"产业结构，同时着眼于发展知识经济，经过20余年的努力，"北九州工业区"的经济结构成功转型，其第一产业比重明显下降，第三产业发展迅速，制造业的内部结构由以钢铁和造船为代表的重工业转变为以半导体和汽车相关产品为主的加工装配型产业，并成为日本高科技产业和新兴工业的主要基地。其在日本工业中的地位逐渐恢复。

除了与美国和德国的传统产业和技术创新进行调整类似以外，日本"北九州工业区"更具特色的措施包括以下两种：

1. 渐进式调整产业政策

一个老工业基地不是一朝一夕建成的，而同样，对其进行改造、优化产业结构，也同样需要一个漫长的过程。日本政府和九州产业界看到了这一点，并

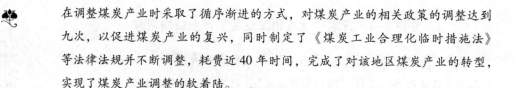

在调整煤炭产业时采取了循序渐进的方式，对煤炭产业的相关政策的调整达到九次，以促进煤炭产业的复兴，同时制定了《煤炭工业合理化临时措施法》等法律法规并不断调整，耗费近40年时间，完成了对该地区煤炭产业的转型，实现了煤炭产业调整的软着陆。

2. 妥善处理转型过程中的社会问题

在转型过程中，日本的"北九州工业区"不仅关注产业的发展，而且妥善处理改革所带来的社会问题，包括失业人员安置和环境治理。在改造煤炭产业的过程中，由于旧工厂的关闭和矿井的封闭，导致大量人员失业。日本政府出台一系列法案保障失业人员的再就业和生活，避免了社会动荡。在环境方面，日本政府通过颁布一系列环境保护法律法规，促进了生态工业园的建设。在政府和企业的共同努力下，推动循环型经济的发展，取得了很好的效果。

资料来源：①曾荣平，岳玉珠. 日本九州地区产业衰退与产业转型的启示 [J]. 当代经济，2007（12）：106-107. ②董小君. 日本经济转型的经验与借鉴意义 [J]. 行政管理改革，2013（11）：48.

（四）新加坡：政府引导产业转型

新加坡是东南亚的一个岛国，面积只有700平方千米，它的经济基础薄弱，没有经济腹地，国内需求市场非常有限，但只用了几十年就创造了全球经济发展的奇迹。重庆在转型升级之前与新加坡相似，存在经济模式粗放，自主创新能力薄弱，产业结构不合理，资源环境严重受限等一系列问题。借鉴和学习新加坡转型升级的先进经验和做法对于促进重庆经济发展特别是产业转型升级发展具有重大的现实意义。

专栏 3-4　新加坡：政府引导产业转型

新加坡的产业发展依托其产业基础和地理环境条件，从1965年建国至今大致进行了5次成功的转型，可以说是每10年一次产业升级转型，其产业结构逐步从劳动密集型、技术密集型和资本密集型发展到今天的以知识型经济为主。期间，新加坡在20世纪八九十年代和2000年前后，先后进行了三次阶段性产业升级和转型。

第一阶段产业转型升级从1965年建国到20世纪70年代末。在这个阶段，面对大量失业，单纯依靠转口贸易，新加坡政府提出了大力发展制造业，积极引进外资，走工业化道路的思路。此项政策出台以后，失业率在短时间内迅速地由10%下降到3%。可以说，此次转型最大的特点是解决了劳动力就业问题。

第二阶段产业转型升级从20世纪70年代末到80年代中期。在这个阶段，新加坡通过提高劳动力价格，促使企业增加资本投入以提高生产率，但由于工资的快速上升高于劳动生产率的增加幅度，导致许多新加坡公司在国际市场上竞争力不断下降。由此，新加坡政府开始反思经济结构问题，提出了由劳动密集型向资本密集型和技术密集型转移的新思路。1985年后开始发展资本密集型产业，如石油冶炼、化学工业、仓储、精密工程等。

第三阶段产业转型升级从20世纪90年代开始，新加坡开始发展技术密集型产业，包括生物医药、高端化工业等。为此，政府引进了大批外国高层次人才，发展高校，建立实验室。1998年金融危机之后，特别是进入21世纪以后，在全球金融危机的大背景下，新加坡政府采取税收优惠等财政政策，吸引国际知名企业到新加坡入驻，并借助国外高新技术大力发展以知识为主导的制造业和服务业，着力建设"知识型产业枢纽"。

资料来源：①于凤玲. 新加坡新兴产业的发展对我国沿海产业发展战略的启示：以广东台山为例 [J]. 广西财经学院学报，2015（12）：19-23.②万卫东. 新加坡经济结构转型的特点及对中国的启示 [J]. 华中农业大学学报，2010（5）：1-6.

新加坡产业转型升级经验包括以下几点：

第一，政府引导产业结构调整，取得积极成效。新加坡几次产业结构调整均由政府引导，政府成为经济转型的强大动力，成为积极引导市场的强大发动机。与此同时，虽然新加坡在政府方面发挥了主导作用，但它并没有忽视市场的作用。通常情况下，政府的政策和目标都是通过市场来实现的。市场在资源配置中发挥作用，从而更好地落实政府的政策和目标。这意味着政府不会随意干预市场，相反，却采取了各种手段弥补市场缺陷，并使市场在资源配置中发挥更好的作用。此外，从新加坡几次经济转型的情况来看，新加坡政府对经济运行、经济状态、经济问题等十分了解，因此所提出的措施与办法，比较有针对性。

第二，注重科技创新与产学研相结合。新加坡提出了创建科技创新经济的发展战略。在着力构建科技创新体系，实行产学研一体化，加强科技创新源头的同时，充分发挥跨国公司在增强自身科技研发力量方面的作用。新加坡的许多前沿高精尖的创新可以追溯到微软、苹果、摩托罗拉、艾默生和惠普实验室等跨国公司。据高纬环球（Cushman & Wakefield）发布的一项亚太区域总部报告，新加坡凭借着长期建立的有利于企业的经济和监管环境，成为最吸引跨国企业设立区域总部的城市，共有4 200家区域总部。新加坡鼓励自己的研发机构和跨国公司进行广泛的技术合作，借此机会进入该领域的世界前沿，掌握研发的核心或关键技术，并在消化吸收后提供给国内公司。

第三，新加坡大力实施人才强国战略，建立开放式创新人才培养模式。新加坡强调人才战略和管理精细化，成功打造人才、创业和创新港湾。新加坡对人才的重视使其能够持续在新兴产业和创新产品方面不断深入钻研，产品和技术始终位居世界前列。新加坡在澳大利亚、北美和欧洲设立了人力资源办事处，在全球为新加坡公司招聘人才。新加坡还专门制订人才引进计划，实施外籍劳务税优惠、长期工作签证及永久居民等优惠政策，同时提供足够的独立研究经费，以吸引来自世界各地的高端人才到新加坡进行免费研究。例如，新加坡国立大学与霍普金斯大学和斯坦福大学合作培养人才，秉持"本土人才国际化，国际人才本土化"的人才战略，鼓励本国学生在世界一流大学学习，完成学业后回国为新加坡服务。

第四，新加坡政府具有较高的公信力和执行力，是全球最早推行"政务信息化"的国家之一。良好的法律环境和高度统一的国民意志为新加坡的发展提供了良好的软环境。优质的软环境使新加坡在建立正确的发展方向后能够迅速推进并实现经济增长。

二、国内产业转型升级经验借鉴

（一）贵州省：大数据带动产业转型升级

贵州省位于我国西南部，是一个发展相对落后的省份。但近些年贵州凭借大数据产业发展，经济增速一直位居全国前列，努力探索出一条有别于东部、不同于西部的经济发展与生态改善协调并进的后发赶超新路。其产业转型升级的经验可供同属西南地区的重庆市借鉴参考。

专栏3-5 贵州省：大数据带动产业转型升级

贵州省凭借服务器存放和数据存储需要的得天独厚的气候和地理优势，

2013 年率先布局大数据战略，通过地方政府的创新和协调，形成了大数据产业从点到线的集群式发展，贵州电子信息产业发展由此进入了高速发展阶段。2016 年，贵州核心业态、关联业态、衍生业态三大业态加快发展，大数据全产业链加快构建，大数据三类业态规模总量达到 1 600 亿元。在信息基础设施方面，贵州省 2016 年完成投资 150 亿元；平台建设方面，交通大数据产业创业孵化平台、大数据技术创新平台及贵阳大数据创新产业（技术）发展中心等一系列的基础性和平台性项目相继建成，有力支撑了贵州省大数据产业的发展。贵州省视大数据产业为产业转型升级的精准突破口，致力于通过建设大数据产业集群来提升政府治理能力，服务民生和社会事业，不仅有利于贵州省新兴产业的发展，也有利于改变贵州省的经济社会发展格局。贵州省通过大数据带动产业转型升级也为其他地区特别是欠发达地区进行产业转型提供了良好的参考和借鉴。

资料来源：薄文广、吴承坤、张琪. 贵州大数据产业发展经验及启示 [J]. 中国国情国力，2017（12）：44-47.

贵州大数据产业发展经验主要以下四点：

第一，利用自身优势，找准突破点。贵州省的自然条件适宜电子信息产业的发展，贵州省发展大数据产业也是充分发挥了其温度条件优越、地质条件稳定、水能资源丰富以及电价不高的比较优势，从低工业增加值的基础数据存储着手，并以此为切入点实现产业转型蜕变。

第二，加强顶层设计，强化制度软保障。地方政府的重视及自上而下的推动是贵州大数据产业引领全国的重要因素。贵州省是第一个将人数据产业上升为省级战略的地区。2014 年刚刚兴起大数据产业时，贵州省就抓住时机，先后出台了《关于加快大数据产业发展应用若干政策的意见》以及《贵州省大数据产业发展应用规划纲要（2014—2020 年）》等政策，为贵州省大数据及相关产业的发展提供了坚实的制度保障，并加强了贵州省、贵阳市及贵安新区等多层次相关制度保障，形成了以点带面、相互促进的良好发展形势。

第二，注重信息基础设施和平台性建设，保障产业支撑。在国家战略和地方政策的推动下，贵州紧抓机遇，加强了基础设施建设和平台建设，同时完善整个大数据产业链的发展，涵盖了大数据共享、存储、交易和应用。在大数据开放和共享方面，贵州省提出并实施了"区块数据"理论，并率先开放政府数据，为消除行业分散带来的信息孤岛，加强了开放共享和跨境整合。

第四，整合外部资源，配合内外资源，营造共赢的生态体系。大数据产业是一个覆盖众多连锁企业的产业体系，其在产业链中的附加价值也各不相同，贵州省不仅选择大数据作为新兴产业发展，而且通过内部和外部资源的整合，培育一个共赢的生态系统，从而进一步增强了先发优势。鉴于贵州省在大数据交易和数据应用方面存在的短板，因此，贵州省积极整合相关外部资源，与国内外相关企业共同开发，由纯数据服务器转向大数据产业链条两端，共享其市场收益。从改善产业基础设施、积累大量数据存储、吸引优质企业入驻、不断推出大数据应用项目，到建立中国首个大数据交易所，贵州省围绕培育大数据核心业态、关联业态和延伸业态，深挖大数据商用、政用和民用价值，促进大数据产业链集群的发展，不断提升贵州大数据产业发展的整体竞争力，逐步建设成为全国大数据综合实验区。①

（二）上海市：负面清单管理促进产业转型

上海市是中国最大的经济中心城市，中华人民共和国成立后，上海市的经济得到了快速的发展。在社会主义建设和改革开放的各个历史阶段，上海市根据国家经济发展所面临的任务，从上海市的实际出发，在产业结构、生产布局和企业组织等方面进行了多次大的调整，对上海市经济及产业结构的转型，起到了积极的作用。目前，上海市的产业结构均衡，基于服务经济的产业结构初步形成，现代服务业和新兴产业发展迅速。产业内部结构高端化发展态势逐步显现，"四新"经济成为上海市经济发展的新亮点。②

上海市经济成效的取得与其重视产业政策措施的制定和调整密不可分。如在不同阶段选择适宜的主导产业、重视发挥产业政策的调节作用、创新发展战略性新兴产业、实施"负面清单"管理模式等，都对上海市的产业转型升级起到了巨大的引导和推动作用。③ 上海市产业结构调整的实践和经验对优化重庆产业结构具有一定的借鉴意义。

专栏 3-6　上海市：负面清单管理促进产业转型

中华人民共和国成立后，随着国民经济的恢复和对资本主义工商业改造的

① 薄文广，吴承坤，张琪. 贵州大数据产业发展经验及启示 [J]. 中国国情国力，2017，12 (45).
② 昌忠泽. 上海市产业结构调整：成效、问题及政策建议 [J]. 区域金融研究，2017 (2)：5.
③ 张瑀. 上海市产业结构调整经验对东北地区的启示 [J]. 祖国，2017 (6)：60.

重庆产业转型升级研究

完成，特别是计划经济体制的建立，上海产业发展方向发生了根本变化，逐步确立了以制造业为主的第二产业发展导向。十一届三中全会后，上海市确立了第二产业重点扶植的六大新兴支柱行业，并在投资、技术改造、人力资源等方面加大了对第三产业的投入。

1999 年，上海市的第三产业对地区生产总值的贡献首次超过第二产业。进入 21 世纪后，上海市的经济增长面临着依靠资本驱动或创新引导经济发展的路径选择。为此，上海市先后提出了"创新驱动"和"四个新经济"建设的发展思路，紧跟国际产业转型升级的趋势，加快现代服务业的培育。这一时期上海市产业结构调整取得了重大突破，三大产业内部结构做了相应调整。第三产业发展以金融、商贸、交通、通信等为重点；第二产业的发展则从过去主要依靠传统工业支撑转向主要依靠支柱产业和高新技术产业支撑；第一产业重在大力提高农业产业化、集约化、现代化水平，实现从城郊型农业向都市型农业的转变。到 2012 年第三产业增加值占地区生产总值比重首超 60%，上海市以服务经济为主的产业结构已基本形成。

2014 年 6 月，上海市经济和信息化委员会发布《上海产业结构调整负面清单及能效指南（2014）》，率先实施"负面清单"管理模式，并将高能耗行业由"限制发展"升级到"限制生存"，大大加快了上海市的产业转型发展。

2015 年以来，上海市产业转型升级的步伐再度加快。一方面，上海市主动对接国家"互联网+"行动计划和"中国制造 2025"战略，聚焦高端设备、高端医疗器械、新型显示等重点领域，并布局实施了多项战略性新兴产业重大项目和重大科技项目。另一方面，上海市产业结构调整协调推进联席会议办公室推出《上海市 2015 年产业结构调整重点工作安排》，锁定 1 000 个产业结构调整项目，重点淘汰高能耗、高污染、高风险企业，压减低技术劳动密集型、低效用型等一般制造业企业，产业转型取得积极进展。此外，上海市经济和信息化委员会还发布了《上海"四新经济"发展绿皮书（2015 年版）》，上海经济转型升级和科技创新中心建设面临着制造业和服务业、信息化和工业化、城市化和信息化、产业和城市"四个融合"的新常态。科技创新从技术维度的单一创新转向"新技术、新业态、新模式、新产业"的集成创新，上海进入"四新经济"的历史阶段。通过探索建立"产业互联网+产业基地+产业人才+产业基金+产业金融+产业联盟"的推进方式，上海市再次率先推动新一轮产业转型升级，形成了一些值得关注的发展领域、颇具活力的企业和重点项目，特别是加快发展 3D 打印、机器人、创意经济、工业物联网、天然气分布式能源、移动互联网、云计算等新产业、新业态、新技术和新模式，有力地推动了"四新"经济的发展。

资料来源：①昌忠泽. 上海市产业结构调整：成效、问题及政策建议 [J]. 区域金融研究，2017（2）：5. ②张瑀. 上海市产业结构调整经验对东北地区的启示 [J]. 祖国，2017（6）：60. ③李敦瑞. 上海产业结构演化的特征及趋势分析：基于现代服务业发展的视角 [J]. 生产力研究，2012（2）：177－179. ④上海市经济和信息化委员会. 上海"四新经济"发展绿皮书（2015 年版）[R/OL]. （2015-10-10）. www. sheitc. gov. cn/sxzl/668133. htm.

上海市产业结构调整的经验主要包括以下四点：

第一，重视产业政策和产业发展机制的调节作用，把握产业结构调整的主动权。上海市特别注重产业政策的前瞻性和可操作性，以此把握产业结构调整的主动权。在政策制定过程中，往往调动全社会力量共同研究产业发展战略及制定产业发展政策，不但有计划地组织相关产业主管部门研究制定促进产业发展的相关配套政策，而且还积极采纳专家学者及本土企业家建议，同时建立和完善适应产业结构调整的各项市场化机制，提高社会各方参与产业转型升级的主动性和积极性。

第二，健全适应产业结构调整的投融资机制。上海始终坚持深化投融资体制改革，将投资重点放在支柱产业、高新技术产业和城市基础设施建设上；同时积极探索良性的融资机制，降低制度性交易成本，以此形成外商投资、证券市场、经营权转让等多种融资渠道，为上海市产业转型升级创造良好的投融资氛围。

第三，创新发展战略性新兴产业，促进产业模式转型升级。近年来，3D 打印、机器人、新能源等新技术的发展，逐渐成为发达国家新经济结构建设和竞争优势重塑的战略选择。上海一直非常重视新兴产业带来的结构性变化，根据新产业革命的发展趋势，上海市在制定产业政策时，前瞻性地提出从智能制造、绿色能源、数字服务等产业入手，选择性地突破战略性新兴产业的关键领域，大力发展战略性新兴产业，由此进一步加深产业结构性改革，促进产业转型升级。

第四，注重节能减排，促进产业转型升级的可持续性。上海市首创的产业结构调整"负面清单"管理模式不仅突破了传统产业结构调整的难题，而且实现了产业结构调整管理模式的创新。"负面清单"重点指向"压和减"，具有约束性和强制性，对上海市推进产业转型调整、拓展产业升级新空间发挥了积极作用。①

① 张瑀. 上海市产业结构调整经验对东北地区的启示 [J]. 祖国，2017（6）：60.

第四章　重庆市产业发展的历史与现状

　　直辖以来，尤其是党的十八大以来，在世界经济形势复杂多变、国内经济进入新常态的大背景下，重庆积极顺应了国家改革开放的大环境和国际国内产业发展规律，积极建设现代化经济体系，地区经济水平得到迅猛发展，形成了传统支柱产业、战略性新兴产业和现代服务业多点支撑的现代产业体系，全市综合实力显著增强，实现了经济社会的跨越性发展，为产业升级发展打下了坚实的基础。地区生产总值由 1997 年的 1 509.75 亿元增加到 2017 年的 19 500.27 亿元，年均增长 13.6%。人均生产总值由 1997 年的 5 253 元增加到 2017 年的 63 689 元（约合 9 433 美元），年均增长 13.3%。三次产业结构由 1997 年的 20.3∶43.1∶36.6 调整为 2017 年的 6.9∶44.1∶49.0。

一、重庆市经济增长历史与现实

（一）经济增速历经三个阶段

　　统计数据显示，直辖以来，重庆经济经历了 20 年的高速增长，具体而言可细分为三个阶段。第一阶段为直辖至 2001 年，这个阶段内重庆在全国通货紧缩大背景下完成经济调整，地区生产总值增速下降至个位数，其中 1999 年增速降至该阶段的最低点（7.8%）。第二阶段为 2002—2016 年，该阶段内重庆经济经历了直辖以来的最高速增长期，地区生产总值增速在 15 年内保持两位数的高速增长。第三个阶段为 2017 年至今，受经济周期、结构调整、债务管控等影响，重庆经济增速再次回落到个位数，经济增长由高速增长阶段转向高质量发展阶段。图 4-1 为直辖以来重庆地区生产总值的增长情况。

　　比较分析直辖以来重庆地区生产总值与全国 GDP 增速变化情况，我们发

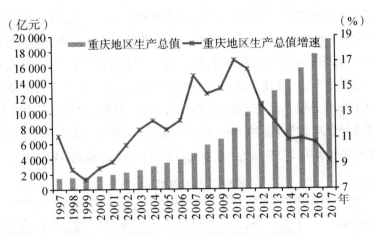

图 4-1　直辖以来重庆地区生产总值的增长情况

现：第一，重庆经济增长速度总体高于全国增长水平（除 1999 年外），表明重庆的产业具有一定的市场竞争力，从而助推重庆经济增速总体高于全国水平。第二，重庆经济增长波动情况与全国宏观经济增速波动趋势基本一致（见图 4-2），表明重庆的经济结构和全国经济结构存在趋同。2010 年以来，在国内宏观经济进入调整升级阶段，重庆经济增速也逐渐回落，说明了重庆尚没有形成独具特色的产业结构，使得其经济发展无法摆脱全国经济大环境而独领风骚。

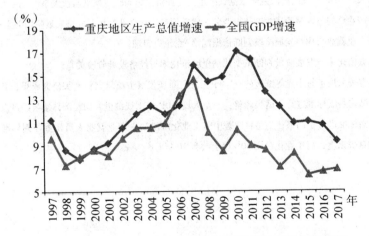

图 4-2　直辖以来重庆地区生产总值与全国 GDP 增长趋势比较

（二）经济发展已进入工业化后期阶段

结合国际、国内通行的理论及标准，如表 4-1 和表 4-2 所示。从人均

GDP 看，2017 年重庆人均地区生产总值为 9 433 美元，经济发展水平已经进入后工业化阶段；从三次产业结构看，2017 年重庆三次产业结构比为 6.9：44.1：49.0，第一产业比重在 10% 以下，第二产业比重小于第三产业比重，经济发展水平处于后工业化阶段；从城镇化发展水平看，2017 年重庆常住人口城镇化率为 64.08%，处于工业化后期；从三次产业就业结构看，2017 年重庆第一产业就业人员比重为 28.9%，处于工业化后期阶段。综合判断，我们认为重庆的经济发展阶段已整体进入工业化后期，正向后工业化阶段推进。

表 4-1 　　　　　　　　工业化水平评价指标与标准①

基本指标	前工业化阶段（1）	工业化实现阶段			后工业化阶段（5）
		工业化初期（2）	工业化中期（3）	工业化后期（4）	
人均 GDP（经济发展水平）	1 200 以下	1 200～2 400	2 400～4 800	4 800～9 000	9 000 以上
三次产业结构（产业结构）	A>1	A>20%，A<I	A<20%，I>S	A<10%，I>S	A<10%，I<S
人口城市化率（空间结构）	30% 以下	30%～50%	50%～60%	60%～75%	75% 以上
第一产业就业人员比（就业结构）	60% 以上	45%～60%	30%～45%	10%～30%	10% 以下

备注：

①人均 GDP 与发展阶段判断依据钱纳里人均经济总量与经济发展阶段关系；

②产业结构与发展阶段判断依据西蒙·库兹涅茨三次产业结构与经济发展阶段关系；

③产业就业结构与发展阶段判断依据配第-克拉克定理；

④城镇化率与发展阶段判断依据钱纳里城市化率与经济发展阶段关系；

⑤本表采用了易小光等编著的《"十三五"重庆发展方略研究》有关研究成果，并对其人口就业结构判断标准进行了适当调整：一是人均 GDP 根据钱纳里人均经济总量与经济发展阶段关系判断标准进行了调整；二是将原著中前工业化阶段第一产业就业人员比重评判标准 60% 以下改为 60% 以上，后工业化阶段 10% 以上改为 10% 以下。

①　易小光，丁瑶，等."十三五"重庆发展方略研究［M］.北京：中国经济出版社，2016：18-22.

表 4-2 　　　　　　　重庆工业化水平发展阶段比对（2017 年）

基本指标	2017 年重庆市指标	工业化阶段
人均地区生产总值（经济发展水平）	9 433	后工业化阶段（5）
三次产业产值结构（产业结构）	6.9：44.1：49.0（A：I：S）	后工业化阶段（5）
人口城市化率（空间结构）	64.08%（常住人口城镇化率）	工业化后期（4）
第一产业就业人员比（就业结构）	28.9%	工业化后期（4）

数据来源：重庆市统计局. 2017 年重庆市国民经济和社会发展统计公报〔N〕. 重庆日报，2018-03-17（8）.

重庆已进入工业化后期向后工业化阶段过渡的基本市情表明其工业化进程还未结束，工业的重要地位并未改变。下一阶段全市产业发展的主要任务是加快产业结构调整升级，产业发展以服务业为主导，加快转移一般制造业，重点发展高端制造、智能制造业，大力发展战略性新兴产业。

二、重庆市产业结构的历史与现实

（一）三次产业结构历史演变

1. 产业结构持续优化升级

直辖 21 年来，随着全国产业政策的不断调整，重庆市的产业结构变化呈现以下显著特征（见图 4-3）：第一产业比重不断下降，第二产业比重先上升后下降，第三产业产业比重显著上升。三次产业结构从 1997 年的 20.3：43.1：36.6 调整为 2017 年的 6.9：44.1：49.0，三次产业之间的比例关系不断改善，产业结构不断优化升级。

具体来看，直辖 21 年来，重庆市第一产业占地区生产总值的比重从 1997 年的 20.3% 下降到 2017 年的 6.9%，下降了 13.4 个百分点，降幅非常明显。第二产业占地区生产总值的比重从 1997 年的 43.1% 上升至 2006 年的 47.9%，达到历史最高点后，逐渐下降到 2017 年的 44.1%，但总体保持在 42.0%～47.9%，在地区生产总值中的占比没有发生大幅度变化；其中，工业占地区生产总值的比重从 1997 年的 37.6% 上升至 2006 年的 40.1%，达到历史最高点后，逐渐下降到 2017 年的 33.8%，工业占地区生产总值比重的变化趋势与第二产业占地区生产总值比重的变化趋势保持一致，但 21 年来，工业占地区生产总值的比重稳定下降了 3.8 个百分点。第三产业占地区生产总值的比重从1997 年的 36.6% 上升至 2017 年的 49.0%，提升了 12.4 个百分点，上升趋势明显。

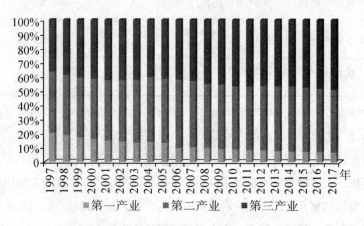

图 4-3　直辖以来重庆三次产业结构变化图

2. 三次产业对经济增长的贡献变化趋势与产业结构变动趋势基本一致

根据《2017 重庆统计年鉴》，直辖以来，重庆三次产业中，第二产业对经济增长的贡献率最大，其贡献率保持在 40.3%~68.6%；其次是第三产业，其贡献率保持在 28.2%~55.4%；第一产业对经济增长的贡献率最低。

从变化趋势上看，三次产业对重庆经济增长的贡献变化趋势与全市产业结构调整变化趋势基本一致。即：第一产业的贡献率总体呈下降趋势，第二产业对经济增长的贡献呈现先上升后下降的趋势，第三产业的贡献率总体上呈现先下降后上升的态势（见图 4-4）。尤其是"十二五"以来，第二产业的贡献率从 2010 年的 68.6% 逐渐下降到 2016 年的 47.7%，而第三产业的贡献率从 2010年的 28.2% 逐渐上升到 2016 年的 49.1%，第二产业的增长贡献率下降部分完全由第三产业贡献率上升部分替代（见表 4-3）。这表明"十二五"以来，重庆经济增长已逐渐从第二产业依赖型转向第三产业依赖型。

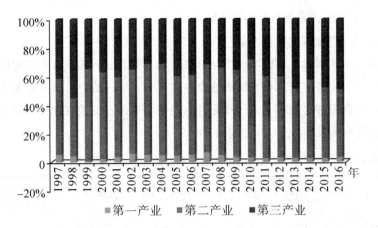

图4-4　直辖以来重庆三次产业对经济增长的贡献率变化情况

表4-3　　"十二五"以来重庆三次产业对经济增长的贡献率

年份	第一产业（%）	第二产业（%）	第三产业（%）
2010	3.2	68.6	28.2
2011	2.7	57.3	40.0
2012	3.1	56.7	40.2
2013	2.7	48.5	48.8
2014	2.7	54.9	42.4
2015	2.7	49.4	47.9
2016	3.2	47.7	49.1

数据来源：重庆市统计局. 2017 重庆统计年鉴［M］. 北京：中国统计出版社，2017.

　　当前，我国经济已由高速增长阶段转向高质量发展阶段，正处在转变发展方式、优化经济结构、转换增长动力的攻关期。[①] 因此，重庆产业结构调整应继续贯彻落实党中央、国务院决策部署，顺应我国产业结构变革大趋势，以推进供给侧结构性改革为主线，以推动产业智能化、绿色化、服务化发展为结构调整着力点，开拓产业发展新思路，培育产业发展新动能，努力促进全市产业整体向中高端迈进。

第
四
章
　
重
庆
市
产
业
发
展
的
历
史
与
现
状

---

　　① 习近平. 决胜全面建成小康社会 夺取新时代中国特色社会主义伟大胜利：在中国共产党第十九次全国代表大会上的报告［M］. 北京：人民出版社，2017。

（二）第一产业现代化趋势明显

1. 第一产业以农牧业为主

如表4-4所示，重庆第一产业以农业和牧业为主，其中农业即种植业占第一产业的最高比重为61.0%，最低占比为54.1%，始终占据着最重要的地位；牧业最高占比为39.5%，最低占比为30.5%，占据重要地位。林业、渔业和农林牧渔服务业占比均不超过5%。

表4-4　　　　　直辖以来重庆第一产业结构变化趋势

年份	农业占比	林业占比	牧业占比	渔业占比	农林牧渔服务业占比
1997	61.0%	2.7%	33.4%	2.9%	—
1998	59.4%	3.5%	33.7%	3.4%	—
1999	59.9%	2.8%	33.8%	3.5%	—
2000	59.3%	2.6%	34.4%	3.7%	—
2001	58.1%	2.6%	35.8%	3.5%	—
2002	57.3%	2.9%	36.1%	3.7%	—
2003	55.3%	3.0%	36.4%	3.8%	1.6%
2004	54.3%	3.0%	37.7%	3.5%	1.5%
2005	54.1%	3.0%	37.7%	3.6%	1.6%
2006	56.2%	3.9%	35.5%	2.8%	1.7%
2007	56.8%	2.5%	36.7%	2.6%	1.4%
2008	54.3%	2.5%	39.5%	2.4%	1.3%
2009	58.2%	2.8%	35.0%	2.7%	1.4%
2010	61.0%	3.0%	32.0%	2.7%	1.3%
2011	59.4%	3.0%	33.6%	2.8%	1.2%
2012	60.0%	3.1%	32.4%	3.2%	1.3%
2013	60.1%	3.2%	31.9%	3.6%	1.3%
2014	60.7%	3.4%	30.5%	4.1%	1.4%
2015	59.5%	3.5%	31.2%	4.3%	1.5%
2016	58.5%	3.7%	31.9%	4.3%	1.5%

数据来源：重庆市统计局. 2017重庆统计年鉴［M］. 北京：中国统计出版社，2017.

重庆产业转型升级研究

2. "371+X" 农业产业体系加快建设

重庆紧紧依托资源禀赋，加快建设"371+X"现代农业产业体系。粮食、生猪、蔬菜三大基础产业持续巩固，柑橘、榨菜、生态渔业、草食牲畜、中药材、茶叶、调味品七大特色产业链加快建设，休闲农业、乡村旅游和区域性特色农业建设成效显著。同时，全市围绕"371+X"现代农业产业体系加快品牌培育，截至2016年年底，全市拥有"三品一标"认证农产品2 740个，其中，无公害农产品1 725个，绿色食品886个，有机食品82个，农产品地理标志47个。另外还有名牌农产品173个，全国名特优新农产品13个，全国区域公用品牌4个。全市初步形成天生云阳、江津富硒农产品、金佛山、潼南绿、石柱红、永川秀芽、武陵遗风等一批地方区域公用品牌。

3. 农业现代化程度日益提升

随着重庆农业内部结构不断调整升级，全市农业现代化发展趋势明显。尤其是"十二五"以来，全市特色效益农业全产业链产值快速增长，规模经营集中度持续提升，拥有9个国家级农业科技园区。农业生产、经营信息化起步良好，信息技术在农机整地、种植、植保、收获、烘干、秸秆处理等环节开始应用。农村电子商务蓬勃发展，淘宝、京东相继入驻，荣昌生猪电子交易、香满园、农企宝、富硒网等本土农产品电商平台应运而生，香满园、武陵生活馆、在村头、天农八部等一批具有一定市场影响力的电商品牌先后涌现。

专栏4-1　重庆国家级农业科技园区概况

目前，重庆共有渝北、忠县、璧山、潼南、丰都、长寿、永川、江津和涪陵9个国家农业科技园区，初步形成特色鲜明、功能互补的国家农业科技园区发展格局。

渝北国家农业科技园区：全国第一批21个国家级农业科技园区之一，总体规划面积27.46平方千米，首期启动13.06平方千米。2010年以综合评比位居全国38个园区第八名的成绩，获国家科技部批准为国家级农业科技园区。2013年被科技部评为优良园区，并列入"国家科技特派员农村科技创业基地"，承载着重庆市发展现代农业、推动农业结构调整、探索城乡统筹"先行先试"和渝北临空都市农业发展的重任。

忠县国家农业科技园区：于2010年年底经科技部批准成立，为全国第三批27个国家农业科技园区之一，也是全国首个以柑橘为主导产业的国家农业科技园区，建设期限为 2011 年至 2017 年。规划建设核心区 5 万亩（约 33.33 平方千米），示范区为忠县柑橘产业标准化基地，规划面积 45 万亩（约 300 平方千米），辐射区为忠县周边及重庆长江柑橘产业带。

璧山国家农业科技园区：2013 年 9 月由国家科技部、农业部等 6 部委批准建立的全国第五批国家级农业科技园区，也是重庆市第 3 家国家级农业科技园区。园区主要承担都市现代农业发展、高速公路道口开发、人文纪念公园建设三大任务，是第一、第二、第三产业融合发展的国家级农业科技园区。

潼南国家农业科技园区：第六批国家农业科技园区之一，全国农村创业创新园区（基地）。面积约 1.2 万亩（约 8 平方千米），重点围绕蔬菜产业，结合园区粮油、生态养殖、乡村旅游等产业，构建"粮—畜—菜"绿色农业科技资源集聚洼地、科技企业培育基地、科技成果转化基地、农村人才培养基地。

丰都国家农业科技园区：第六批国家农业科技园区之一，面积约 1.5 万亩（约 10 平方千米），重点围绕肉牛产业发展，打造成肉牛全产业链示范基地，以及科技集成创新、成果转化、示范推广、人才培训的孵化平台。

长寿国家农业科技园区：第七批国家农业科技园区之一，核心区面积 30.5 平方千米，将全力打造科技研发创新中心和创业创新孵化基地、农业科普培训基地、智慧农庄养生基地、低碳种养循环展示基地和农畜产品加工物流基地等"一中心五基地"6 大功能板块。

永川国家农业科技园区：第七批国家农业科技园区之一，核心区面积 3 万亩（约 20 平方千米），主要功能是农业科技创新创业服务，重点建设协同创新产业研究院、生态农业公园、大众创业载体、农产品电商平台四大科技示范工程。

江津国家农业科技园区：第七批国家农业科技园区之一，重点依托花椒、柑橘产业优势，以科技为支撑，以市场为导向，以延长产业链提高效益为动力，通过实施创新驱动战略，建设"三区一高地"（即：高效农业示范推广区，农产品加工交易区，城郊健康养生休闲区，全国花椒、柑橘为主的富硒农业科技聚集高地）。

涪陵国家农业科技园区：第七批国家农业科技园区之一，面积 9.38 万亩（约 62.53 平方千米），以榨菜生产加工为主，以物流配送相关产业为辅，把涪陵榨菜打造成中国榨菜航母、建成国家级榨菜科技创新服务高地、国家青菜头科技种植示范基地、榨菜加工科技企业集聚高地、榨菜非遗文化传承基地。

（三）第二产业结构不断优化

1. 工业结构以重工业为主

根据历年重庆统计年鉴，从工业的轻重比例关系看，直辖以来，重庆工业轻重结构变化具有以下显著特点：重庆工业一直以重工业为主，重工业在工业中的占比一直保持在 60% 以上（见图 4-5），且直辖前 10 年（1997—2006年），重庆重工业在工业中的占比持续提升，2006 年以后占比逐渐下降。

1997年重庆轻重工业结构

轻工业
35%

重工业
65%

2006年重庆轻重工业结构

轻工业
11%

重工业
89%

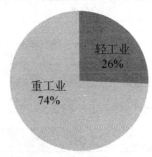

2016年重庆轻重工业结构

轻工业
26%

重工业
74%

图 4-5　重庆规模以上工业总产值轻重结构变化

专栏 4-2　重庆市国家级开发区平台载体

国家级新区：重庆两江新区；

国家级自由贸易试验区：中国（重庆）自由贸易试验区；

国家级经开区：重庆经开区、长寿开发区、万州经开区；

国家级高新区：重庆高新区、璧山高新区、荣昌高新区、永川高新区；

国家级出口加工区：重庆出口加工区；

国家级综合保税区：重庆西永综合保税区；

国家级自主创新示范区：重庆自主创新示范区。

2. 工业的行业逐渐优化

从工业结构的行业构成看，直辖以来，除维纶纤维、原盐、天然气等外，重庆一般加工制造业比重相对稳定或略有下降，而以计算机、显示器、打印机和手机为主的电子及通信制造业，以及汽车、摩托车行业等技术密集型产业和高新技术产业迅速发展（见表4-5），从而带动重庆整个工业结构从劳动密集型向技术密集型的转换升级。

表4-5　重庆规模以上工业企业主要产量占全国的比重变化情况

产品	1997 年	2016 年
维纶纤维	0.7%	21.0%
布	2.6%	0.6%
蚕丝	—	3.2%
原盐	1.5%	3.4%
卷烟	3.0%	1.8%
白酒	1.9%	1.6%
啤酒	2.1%	1.7%
发电量	1.3%	1.1%
天然气	1.2%	7.0%
粗钢	1.3%	0.5%
成品钢材	1.3%	1.1%
铝材	—	3.7%
水泥	2.0%	2.8%
硫酸	2.7%	2.2%
纯碱	1.2%	4.6%
烧碱	1.5%	1.1%
农用化学肥料	2.3%	2.5%
合成氨	—	3.6%
中成药	—	3.3%
冰醋酸	—	6.3%
精甲醇	—	5.3%
涂料	—	1.6%
变压器	—	3.2%

表4-5（续）

产品	1997 年	2016 年
汽车	9.9%	11.2%
摩托车	17.6%	32.9%
微型计算机设备	—	23.3%
显示器	—	13.5%
打印机	—	27.4%
移动通信手持机	—	12.7%

数据来源：①重庆市统计局. 重庆统计年鉴1998［M］. 北京：中国统计出版社，2018.②重庆市统计局. 2017重庆统计年鉴［M］. 北京：中国统计出版社，2017.

3. 主要优势产业发展迅速

根据中国统计年鉴（2017）和重庆统计年鉴（2017）中工业各细分行业相关数据，采用以下模型计算重庆各工业行业区位商：

$$区位商：Q = \frac{N_1/A_1}{N_0/A_0}$$

其中 Q 为目标区域某行业的区位商，Q 值越大，表明该区域的该行业专门化率也越大，Q 值大于1，可以认为该行业是地区的专业化部门，Q 值大于1.5，则该行业在当地具有明显的比较优势；N_1 为目标区域某行业产值（或从业人员数）；A_1 为目标区域所有行业产值（或从业人员数）；N_0 为背景区域某行业产值（或从业人员数）；A_0 为背景区域所有行业产值（或从业人员数）。

计算结果表明：重庆工业行业区位商大于1的主要有汽车制造业等7个行业，如表4-6所示。其中，汽车制造业，铁路、船舶、航空航天和其他运输设备制造业，通信设备、计算机及其他电子设备制造业三个行业的区位商大于1.5，表明重庆的这三个行业在全国具有一定的竞争优势。

表 4-6　　　　　重庆区位商大于1的工业行业

工业行业门类	全国		重庆		重庆工业行业区位商
	主营业务收入（亿元）	行业占比（%）	主营业务收入（万元）	行业占比（%）	
非金属矿采选业	5 435.47	0.47	1 753 208	0.75	1.59
印刷业、记录媒介的复制	8 057.87	0.70	1 695 581	0.72	1.04
医药制造业	28 206.11	2.43	6 027 256	2.57	1.06

表4-6(续)

工业行业门类	全国		重庆		重庆工业行业区位商
	主营业务收入(亿元)	行业占比(%)	主营业务收入(万元)	行业占比(%)	
汽车制造业	81 347.16	7.02	54 290 324	23.13	3.30
铁路、船舶、航空航天和其他运输设备制造业	19 324.92	1.67	14 715 883	6.27	3.76
通信设备、计算机及其他电子设备制造业	99 629.48	8.60	39 710 721	16.92	1.97
燃气生产和供应业	6 061.34	0.52	2 047 327	0.87	1.67

其中，重庆汽车制造业通过集群发展方式，推进产业链垂直整合、同类企业聚集，构建起"品牌商+制造商+配套商企业"上中下游一体化的产业集群，构建起了全国最完整的汽车产业链。目前重庆汽车产业已形成"1+10+1 000"格局的汽车产业集群。① 2017 年，全市生产汽车 299.8 万辆，占全国汽车产量的 10.3%，生产规模居全国第一，目前重庆汽车产、销量均处于全国领先地位。

重庆电子产业已经建成"5+6+800"全球最大的电脑产业集群。② 同时，在电脑产业发展的基础上，又进一步发展了显示器、打印机、手机等智能终端产品。2017 年，全市电子制造业产值实现同比增长 27.5%，占全市工业产值的 24.1%，对全市工业增长贡献率达 41.3%。全市生产微型计算机 6 619 万台，占全国比重达 21.6%，生产规模居全国第二；笔记本电脑产量达到 6 095 万台，全球最大笔记本电脑生产基地的地位进一步巩固；手机产量 2.58 亿台，占全国产量的 13.7%，位居全国前列；打印机 1 451 万台，占全国产量的 27%；液晶显示屏产量 9 128 万片，同比大幅增长 131.2%；集成电路、印制电路板两大电子核心部件的产量分别增长 38.5%和 30.5%。重庆电子信息制造业综合指数为 68.22，列西部第二，从产业规模指标看，重庆市电子信息制造业综合发展指数在全国平均水平以上，与广东、江苏、上海、北京等同列发

---

① 1指长安集团，10指北汽、二汽、上汽、福特、通用、现代等国际国内 10 个汽车品牌商，1 000代表 1 000 多个零部件厂商。

② 5 大品牌商、6 大代工商和800家零部配套企业，零部件本地配套化率达到 80%。

展较为突出省市（见图4-6）。①

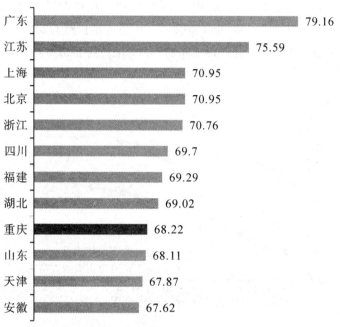

广东　79.16
江苏　75.59
上海　70.95
北京　70.95
浙江　70.76
四川　69.7
福建　69.29
湖北　69.02
重庆　68.22
山东　68.11
天津　67.87
安徽　67.62

注：全国电子信息制造业综合发展指数的平均水平为67.34。

图4-6　重庆与部分省市电子信息制造业综合发展指数对比

装备制造业作为重庆传统优势支柱产业的地位持续稳固。目前全市已经形成包括风电装备及系统、轨道交通装备、轨道交通装备等10余条产品链。2017年，全市装备制造业实现产值4 056亿元，同比增长9.3%，对全市工业产值增长的贡献率达14%，装备制造作为全市工业支柱产业的地位较为稳固。就细分行业来看，近两年轨道交通、环保装备、通机等子行业增速较快；机器人及智能制造装备产业等新兴产业加快推进，行业内部结构调整效果明显；高端交通装备，尤其是轨道交通产业、通用航空产业同比增长明显。

（四）第三产业质效持续提升

1. 产业总量规模迅速扩张

1997年以来，重庆第三产业增加值从1997年的552.14亿元，增加到

① 中华人民共和国工业和信息化部运动监测协调局. 中国电子信息产业综合发展指数研究报告 [R/OL]. (2017-09-05). www. miit. gov. cn/n114690/n1146402/n1146455/c5782878/content. html.

2017 年的 9 564.04 亿元，产业规模增加了 16 倍多，年均增长 15.3%。第三产业在重庆市地区产总值的占比从 1997 年的 36.6% 增加到 2017 年的 49.0%。同时，第三产业的从业人员从 1997 年的 412.56 万人增长到了 2016 年的 744.85 万人，占总就业人数的比重从 1997 年的 24.1% 增长到了 2016 年的 43.4%（见图 4-7）。

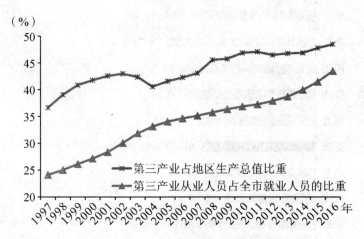

图 4-7　直辖以来重庆第三产业发展情况

2. 产业质效不断提升

从第三产业内部结构看，直辖以来，重庆第三产业中批发和零售业，交通运输、仓储及邮政业等传统服务业在第三产业中的占比有所下降。住宿和餐饮业在第三产业中的占比变化幅度，总体保持稳步发展态势。而金融业在第三产业中的比重呈现先降低后升高的态势，2008 年全球金融危机后，重庆金融业发展迅速，在经济中的占比持续提升。房地产业在第三产业中的比重不断提高。总体来看，"十二五"以来，重庆金融业、房地产业等新兴服务业发展迅速（见图 4-8）。

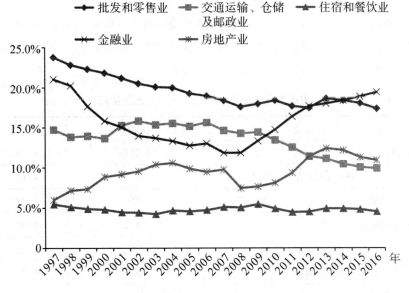

图 4-8　直辖以来重庆第三产业内部结构调整情况

从劳动生产率看，直辖以来，重庆第三产业劳动生产率①（人均从业人均增加值）从 1997 年的 13 383 元/人，增加到 2016 年的 114 122 元/人，增加了近 8 倍（见图 4-9）。

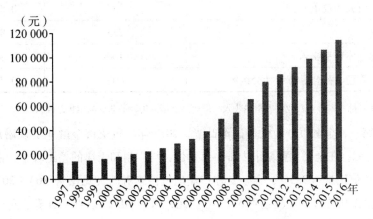

图 4-9　直辖以来重庆第三产业劳动生产率变化情况

---

① 用第三产业增加值除以第三产业就业人数代表。

3. 主要优势产业发展迅速

相对于全国的区位商来看，重庆的金融业、批发零售业、信息服务业、住宿和餐饮业、客运与物流业等行业的区位商大于1（见表4-9）。可见，金融、信息、物流、商贸流通业具有一定的比较优势。

表4-9　　　　重庆市服务业细分行业营业收入及区位商

服务行业	2015年收入（亿元）	区位商
金融	1 327	1.24
信息传输、软件和信息技术服务	361	1.11
住宿和餐饮	388	1.09
批发和零售	1 112	1.08
水利、环境和公共设施管理	55	1.05
交通运输、仓储和邮政	989	1.01
卫生和社会工作	317	0.99
居民服务、修理和其他服务	172	0.92
租赁和商务服务	408	0.91
房地产	688	0.89
科学研究和技术服务	237	0.87
教育	283	0.85
文化、体育和娱乐	100	0.83
公共管理、社会保障和社会组织	408	0.79

注：批发零售业营业收入指净收入，即商品进销差价，而非商品销售总收入。

第一，金融服务业优势逐渐凸显。2017年，重庆市金融业实现增加值1 814亿元，在全国主要城市中排名第6位，与广州和天津的差距较小，占地区生产总值比重达9.3%，金融支柱产业地位持续巩固（见图4-10）。2017年，全市金融机构资产规模达到5.27万亿元，增长10.2%。西南证券、重庆农村商业银行、重庆银行等一批本地金融品牌企业加快成长；集团财务公司、汽车金融公司、消费金融公司等新型金融业态不断涌现；小额贷款、担保、信托、金融租赁、私募基金、风投基金等机构加速集聚，2017年，新型金融业企业实现增加值391亿元，增长19.1%。内陆结算型金融中心框架形成，基本形成了离岸金融结算、跨境人民币结算、跨境电子商务结算、跨国企业外汇资金集中运营、要素市场结算五大结算模式；加工贸易离岸结算和电子商务国际结算在全国有重要影响，是中西部唯一跨境贸易电子商务服务、外汇支付"双试点"城市；惠普（重庆）等结算中心完成离岸金融结算总量4 000亿美元，跨境人民币结算占全国的5%左右，居中西部省市之首。

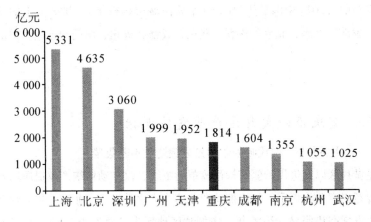

图4-10 2017年全国金融业增加前10位城市比较

第二，信息服务行业发展迅速。2017年，重庆大数据产业发展指数12.2，位列全国第10位、西部第2位，其中电子信息产业已经位列第8位，软件服务行业排位第13位，在全国处于中等偏上的水平。全市已经引进锐迪科（集成电路设计）、SK海力士（集成电路封装测试）、浪潮（"基础云"服务提供商）、腾讯、网宿（数据资源）、海云大数据（可视化）等一批国内外知名企业，中科云丛（人脸识别）、猪八戒网（互联网）、中移物联网（物联网服务）、智慧思特（环保大数据）、博拉网络（营销大数据）、西南集成（集成电路设计）等本地科技型企业快速成长。

专栏4-3 重庆市软件和信息服务业重要平台载体

产业载体：两江新区数字经济产业园、大渡口移动互联网产业园、高新区人脸识别与图像处理产业园、渝北区仙桃数据谷大数据产业园、永川软件及呼叫外包基地。

公共服务平台：全国车联网监管与服务公共平台、全国道路货运车辆公共监管与服务平台2个国家级车联网平台，江北华港3D打印应用中心、永川3D打印快速制造创新中心。

企业创新平台：中科云丛人工智能基础资源平台、凯泽科技人脸识别与图像处理产业园、暴风云尚虚拟现实应用研究院。

第三，旅游业规模持续提升。2017 年，重庆接待游客 5.4 亿人次，实现旅游总收入 3 308 亿元，分别占全国的 10.5%、6.1%，近年旅游收入年均增长率比世界平均水平高出 10 个百分点。根据 2017 年 12 月中国城市竞争力研究会发布的《2017 中国最热门的 50 个旅游城市排行榜》，排名前十的分别是重庆、香港、上海、北京、深圳、武汉、成都、杭州、澳门和苏州，重庆荣膺榜首。

三、重庆市四大片区产业发展现状

（一）主城片区①现代服务业和先进制造业不断集聚

主城片区以推进供给侧结构性改革为主线，以推动传统产业提质增效和培育发展新兴产业为抓手，加快推动产业结构优化升级，产业高端化、融合化和绿色化发展态势明显。2016 年，主城片区地区生产总值为 7 646.89 亿元，其中第一产业增加值为 116.52 亿元，第二产业增加值为 2 855.75 亿元，第三产业增加值为 4 674.62 亿元②，产业结构"三二一"发展态势良好。图 4-11 为 2016 年重庆市主城片区三次产业结构情况图。

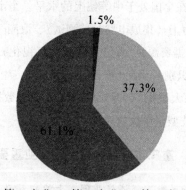

■第一产业　第二产业　■第三产业

图 4-11　2016 年主城片区三次产业结构

现代服务业体系基本形成。近年来，主城片区以解放碑-江北弹子石中央

---

① 主城片区包括渝中区、大渡口区、江北区、沙坪坝区、九龙坡区、南岸区、北碚区、渝北区、巴南区、两江新区。

② 重庆市统计局. 2017 重庆统计年鉴 [M]. 北京：中国统计出版社，2017.

商务区，以及观音桥、南坪、大坪、杨家坪、三峡广场和九宫庙等核心商圈等为载体，积极引进国内外知名金融机构、企业总部和大数据智能企业，初步形成了以金融、总部经济和大数据产业为核心，高端商务、精品商贸、中介咨询、科技教育、休闲旅游、文化创意等高端服务业协调发展的格局。2016年，主城片区实现第三产业增加值4 674.62亿元，占地区生产总值比重达61.1%（如图4-11所示），其中，渝中区实现第三产业增加值1 019.89亿元，占本区生产总值的比重达97.1%。

先进制造业加速集聚。近年来，主城片区依托两江新区、重庆自贸区和中新（重庆）战略性互联互通示范项目等政策优势，积极发展先进制造业，逐步形成了以电子信息、汽车、高端装备制造（轨道交通、航空航天、机器人、新能源、节能环保等）、高端材料以及芯片制造、液晶面板、集成电路、智能终端等消费品工业多元支撑的先进制造业集群（见表4-8）。2016年，主城片区实现第二产业增加值2 855.75亿元，占地区生产总值和比重为37.3%。

表4-8　　　　　　　　主城片区特色工业园区情况

区县	产业园区	产业定位
沙坪坝区	西永微电子产业园	通信设备、计算机、集成电路以及其他电子设备制造业（芯片）、软件业及服务外包
	井口工业园区	汽车制造（汽车整车及零部件）、输配电及控制设备制造
江北区	港城工业园区	家用电力器具制造（空调、冰箱、洗衣机）、交通运输设备制造业（汽车整车及零部件、集装箱）
九龙坡区	九龙工业园区	交通运输设备制造业（汽车整车、摩托车整车及零部件）、风动和电动工具制造、基础通信设备、计算机及其他电子设备制造业
	西彭工业园区	常用有色金属压延加工（铝及铝合金加工）
南岸区	茶园工业园区	金属加工机械制造（机床）、移动通信及终端设备制造、摩托车制造（摩托车整车及零部件）、通用设备制造业（中央空调）
	东港工业园区	船舶及浮动装置制造（船舶）
大渡口区	建桥工业园区	摩托车制造（摩托车整车及零部件）、专用设备制造业、铁路运输设备制造、玻璃纤维及制品制造、通信设备、计算机及其他电子设备制造业、精炼石油产品的制造（石油调配、润滑剂）

表4-8（续）

区县	产业园区	产业定位
北碚区	同兴工业园区	摩托车制造（摩托车整车及零部件）、生物、生化制品的制造（青蒿素）、电子器件制造（半导体）、通用仪器仪表制造、医药制造业
渝北区	空港工业园区	汽车制造（汽车整车及零部件）、通信设备、计算机及其他电子设备制造业、临空高新产品、电线、电缆、光缆及电工器材制造、金属加工机械制造
	两路工业园区	纺织服装制造、生物及生化制品制造、通信设备、计算机及其他电子设备制造业（半导体器件）、通用仪器仪表制造
	台商工业园	电子信息、先进制造、软件开发和现代服务业
巴南区	花溪工业园区	摩托车制造（摩托车整车及零部件）、风动和电动工具制造（通机）、砖瓦、石材及其他建筑材料制造（节能建材）、家具制造业
	鹿角工业园区	通用设备制造业（精密制造）、通信设备、计算机及其他电子设备制造业
	金竹工业园	摩托车制造（摩托车整车及零部件）、家具、食品加工、橡胶

生产性服务业加速发展。近年来，物流、研发设计、高端商务会展、信息服务（物联网、大数据、云计算）以及服务外包等生产性服务业加速发展，并在空间上向主城片区集聚。目前，主城片区生产性服务业规模占全市生产性服务业的比重超过三分之二（见表4-9），重点生产性服务行业企业超过1.5万家。且与其他三大片区比较而言，主城片区生产性服务业企业规模相对更大，人均产出也相对更高，呈现出规模大、主体多、效率高的特点。

表 4-9　　　　　　　　**四大片区生产性服务业空间分布①**

区域	地区生产总值	工业	第三产业	生产性服务业
主城片区	43.7%	41.1%	54.8%	68.5%
渝西片区	33.4%	39.0%	24.9%	18.3%
渝东北片区	17.3%	15.0%	15.4%	10.5%
渝东南片区	5.6%	4.8%	4.9%	2.6%

注：各片区数据根据《2017重庆统计年鉴》中区县数据加总得出。

①　重庆市统计局. 2017重庆统计年鉴［M］. 北京：中国统计出版社，2017.

(二) 渝西片区①现代工业产业集群加速构建

渝西片区依托长寿、万州国家级经开区和璧山、荣昌、永川国家级高新区以及市级特色产业园，全力推进工业转型升级和集聚化发展，化工、装备、电子配套、消费品工业等现代工业产业集群初步显现。2016年，渝西片区地区生产总值为5 966.86亿元，其中第一产业增加值为676.69亿元，第二产业增加值为3 373.00亿元，第三产业增加值为1 953.17亿元②，产业结构呈现"二三一"发展格局（见图4-12）。

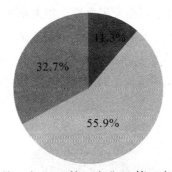

■第一产业 ■第二产业 ■第三产业

图4-12　2016年渝西片区三次产业结构

装备制造企业加速集聚，片区依托百亿级龙头企业以及一大批配套专业化企业，基本形成了龙头企业带动关联企业共同发展的模式以及优势产品逐步形成的良好局面。如，永川高新区"中德产业园"内德国机床巨头埃马克、排名行业全球第四的德国利勃海尔、德根、SW等总舵高端数控机床顶级制造商加速集聚。电子配套产业逐步壮大，其中，璧山电子配套产业从无到有，成长为重庆最大的笔电配套基地。璧山国家高新区入住企业达1 056家（2017年数据），初步形成了以"信息技术、智能装备、生命健康"三大主导产业体系的战略性产业集群区。长寿-涪陵化工基地加快发展，集聚了川维、紫光、涪陵化工、华峰化工等多家龙头企业。其中，2013—2017年，长寿经开区连续五年荣获"中国化工园区20强"称号，全国竞争力优势明显。差异化发展、互为补充的消费品工业集群体系初现端倪，家用电器业依托雷士照明、欧凯电器等

---

① 渝西片区包括涪陵区、长寿区、江津区、合川区、永川区、南川区、綦江区、大足区、璧山区、铜梁区、潼南区、荣昌区以及万盛经开区共12个区。

② 数据来源：根据《2017重庆统计年鉴》中区县数据加总。

企业，主要集中在荣昌工业园；纺织服装业依托轻纺集团、蓬威石化等企业，主要集中在涪陵和合川工业园；造纸及纸制品业依托玖龙纸业、理文纸业等企业，主要集中在江津、永川；食品饮料业和塑料制品等其他消费品业，则呈散点状的分布态势。

（三）渝东北片区[①]"绿色+产业"发展态势良好

渝东北片区牢固树立既要绿水青山又要金山银山、绿水青山就是金山银山的理念，坚持走生态优先、绿色发展之路，把生态建设和环境保护放在第一位，把"绿色+"融入产业发展领域，产业生态化、生态产业化发展态势良好。2016 年，片区地区生产总值为 2 868.56 亿元，其中第一产业增加值为 414.03 亿元，第二产业增加值为 1 348.31 亿元，第三产业增加值为 1 106.22 亿元[②]，产业结构呈现"二三一"发展趋势（见图 4-13）。

重庆产业转型升级研究

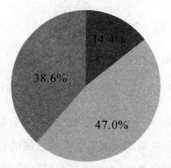

14.4%

38.6%

47.0%

■第一产业 ■第二产业 ■第三产业

图 4-13　2016 年渝东北片区三次产业结构

现代农业持续发展。近年来，渝东北片区扎实推进农业供给侧结构性改革，加快建设现代化农业示范园区，现代特色效益农业快速发展。比如，2017 年，万州区加快推进现代化农业种养模式，全年示范推广"稻-虾-蟹"共生种养模式达 1 200 亩（约 0.80 平方千米）；完成红橘高接换种改造 5 600 亩（约 3.73 平方千米），种植中药材 8.5 万亩（约 56.67 平方千米），新建标准化柑橘园 4 000 亩（约 2.67 平方千米）、标准化李子园 2 000 亩（约 1.33 平方千米），新建改建茶叶基地 1 500 亩（约 1 平方千米）。新型农业经营主体不断

---

①　渝东北片区包括万州区、开州区、梁平区、城口县、丰都县、垫江县、忠县、云阳县、奉节县、巫山县和巫溪县共 11 个区县。

②　数据来源：根据《2017 重庆统计年鉴》中区县数据加总。

涌现，全年新增种养专业大户245户、家庭农场51个、农民合作社77家，农村耕地规模经营率达36%。新增"三品一标"农产品8个。

特色工业稳步发展。近年来，渝东北坚持特色化、集约化、绿色化发展片区工业，片区工业经济不断壮大。比如，2016年，万州区工业总产值实现867.9亿元，同比增长11.9%。开州区工业结构持续优化，能源、建材等传统工业比重逐步下降，电子信息产业等新兴产业加速崛起，成为工业增长新动力。云阳风力发电、汽车配件、生物医药、中药材加工等生态工业发展态势良好。

（四）渝东南片区①特色产业持续发展

渝东南片区立足资源特色，充分发挥比较优势，积极推动工业提质增效，加快建设特色效益农业，三次产业融合发展态势良好。2016年，片区地区生产总值实现918.66亿元，其中第一产业增加值为143.06亿元，第二产业增加值为423.74亿元，第三产业增加值为351.86亿元②，产业结构呈现"二三一"发展态势（见图4-14）。

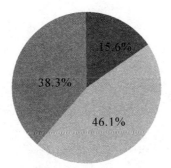

■第一产业 ■第二产业 ■第三产业

图4-14 2016年渝东南片区三次产业结构

特色效益农业持续发展。渝东南片区立足优势农业资源，结合扶贫开发需求，加快发展精品农业、休闲观光农业等现代特色效益农业。如：酉阳县市级农村产业融合发展试点示范县建设深入推进，金融扶贫与农地改革深度融合示范区建设项目扎实开展，油茶、青花椒、高山蔬菜、中药材、茶叶等特色效益

---

① 渝东南片区包括黔江区、武隆区、石柱县、秀山县、酉阳县和彭水县共6个区县。

② 数据来源：根据《2017重庆统计年鉴》中区县数据加总。

农业基地不断扩大。农村经营主体发展迅速，2017 年，全县累计培育农业企业 700 余家，农业专业合作社 1 600 余家，家庭农场和种养大户 10 000 余家。

生态旅游加速发展。片区一体化打造生态旅游业，整合旅游产业上下游链条，推动旅游资源向旅游服务产品升级，不断增强大旅游经济对区域发展的带动效应。如：武隆区加快推进"国际知名旅游胜地、山水园林旅游新城"建设，全区旅游市场蓬勃发展，2017 年，全区累计接待游客 2 801.72 万人次，增长 14.4%；实现旅游综合收入 87.27 亿元，增长 16.1%。同时，旅游市场的蓬勃发展，带动了全区商品零售业、住宿业和餐饮业的快速发展，成为拉动区内商贸发展的积极因素，2017 年全区实现社会消费品零售总额 58.8 亿元，同比增长 11.9%。

第五章 重庆产业转型升级重点关注一：
整体竞争力弱

直辖以来，重庆市产业发展持续向好，全市产业转型升级步伐不断加快，产业发展质量和效益显著提升，产业向高质量发展的基础条件较好，但同时也存在产业竞争力不强、产业结构不够优、产业协同性不足、产业创新性不强、产业开放度不高等问题。

一、产业竞争力不强

一是产业规模不够大。重庆市产业规模与北京、上海、天津、江苏、浙江等发达省市的差距还比较大。2016 年，全市地区生产总值仅分别相当于北京、上海、江苏、浙江的 69.1%、63.0%、22.9%、37.5%；工业增加值仅分别相当于天津、上海、江苏、浙江的 90.9%、81.8%、20.3%、33.1%，第三产业增加值分别相当于北京、天津、上海、江苏、浙江的 41.5%、84.6%、43.4%、22.1% 和 35.4%；地方一般公共预算收入仅相当于北京、天津、上海、江苏、浙江的 43.8%、81.8%、34.8%、27.4% 和 42.0%（见表 5-1）。产业总量规模小妨碍了生产要素的聚合和扩散，不利于提升重庆市产业的综合影响力；服务业比重低，不利于深化产业分工协作，也不利于形成有利于能源资源节约和生态环境友好的产业结构；地方财政可支配收入低，不利于改善重庆市现代产业体系的软硬环境。

表 5-1 　　　　　　　2016 年重庆及部分省市产业规模对比

行政地区	地区生产总值		工业增加值		第三产业增加值		地方一般公共预算收入	
	绝对值（亿元）	重庆占比（%）	绝对值（亿元）	重庆占比（%）	绝对值（亿元）	重庆占比（%）	绝对值（亿元）	重庆占比（%）
北京	25 669.13	69.1	4 026.68	153.6	20 594.9	41.5	5 081.26	43.8
天津	17 885.39	99.2	6 805.13	90.9	10 093.82	84.6	2 723.5	81.8
上海	28 178.65	63.0	7 555.34	81.8	19 662.9	43.4	6 406.13	34.8
江苏	77 388.28	22.9	30 455.15	20.3	38 691.6	22.1	8 121.23	27.4
浙江	47 251.36	37.5	18 655.12	33.1	24 091.57	35.4	5 301.98	42.0
重庆	17 740.59	100.0	6 183.8	100.0	8 538.43	100.0	2 227.91	100.0

数据来源：重庆市统计局. 2017 重庆统计年鉴［M］. 北京：中国统计出版社，2017.

二是产业集群发展程度不高。目前，重庆汽车、摩托车、电子信息等产业集聚程度较高，向主城片区集聚态势较明显，初现集群发展端倪。装备制造、化工医药、冶金材料、消费品工业等重点产业尚未形成集群发展态势。且现状产业有聚无机现象突出，布局多是以工业园区、各类开发区为载体的地理空间聚集，集聚区内部各企业机构之间尚未形成产供销一体化的产业链条和强大的技术、物流、营销等服务支持网络，整体上仍然处于由"产业集聚"到"产业链整合"的发展阶段。

三是具有行业竞争力的龙头骨干企业数量不足。龙头企业既保障了行业高盈利，也为行业提供抗风险的屏障，是提升产业竞争力的主体和关键。据统计，全球最具价值品牌的 100 强占品牌总数虽不到万分之一，而其销售额却占全球市场的 50%。目前，重庆有 281 家世界 500 强企业入驻，数量远少于北京、上海两个直辖市（见表 5-2）；有 12 家中国 500 强企业入驻，数量也远少于北京、上海、江苏、浙江、广东等发达省市（见表 5-3）。同时，重庆 281 家世界 500 强企业中，工业及信息化相关企业占了 232 家，商贸、金融等现代服务业相关企业数量较少。

表 5-2　　　　　重庆及部分城市世界 500 强企业数量　　　　（单位：个）

	重庆	北京	天津	上海	广州	成都
世界 500 强企业数量	281	500	180	500	297	281

表 5-3　　　　　　重庆及部分省市中国 500 强企业数量　　　（单位：个）

	重庆	北京	上海	江苏	浙江	广东
中国 500 强企业数量	12	101	27	44	44	48

四是产业的节能减排竞争力不强。随着能源资源约束的日益趋紧和生态环境成本的与日俱增，产业的节能减排、绿色发展逐渐成为影响其综合竞争力的重要因素。2016 年，重庆单位地区生产总值能源消耗量为 0.529 吨标煤/万元，远高于同期北京的 0.284 吨标煤/万元，也高于上海、江苏和浙江等东部发达省市。

二、产业结构不够优

一是农业现代化发展水平依然不够。近年来，重庆以农业供给侧结构性改革为主线，大力开展结构调整、创品牌、保生态行动，全市农业产业提质增效明显，但农业基础薄弱、装备落后、产业化和市场化程度不高、产业链主体间利益联系不紧密等问题依然较为突出。2016 年，全市有效灌溉面积比重仅为 28% 左右，远低于全国 52% 的水平；全市主要农作物耕种收综合机械化率为 45%，比全国 63% 的平均水平低 18 个百分点；全市农业产品商品率为 66.8%，远低于现代农业农产品商品率 95% 以上这一标准。目前，重庆农业产业链条上前端、中端和后端上的科研农资、种养殖和加工销售等各经营主体利益关联度小。

二是工业结构的轻重比例失调。重庆工业中的重化工业比重高、规模大，纺织、服装、食品等满足人民日益增长的美好生活需要的轻工业发展不够，轻、重工业比例失调，工业重化特征突出，高技术产业相对薄弱。2016 年，全市重工业总产值占工业总产值的比重高达 74.3%。规模以上工业企业中，通信设备、计算机及其他电子设备制造业总产值占工业总产值的比重为 16.8% 左右；汽车制造业占比为 22.3%；铁路、船舶、航空航天和其他运输设备制造业占比为 6.6%；非金属矿物制品业占比为 5.3%，电气机械及器材制造业占比为 5.0%，而其他行业占比均在 4.5% 以下，工业结构不均衡性非常明显。

三是第三产业发展程度依然不够。当前重庆经济的增长在得益于第二产业的强劲拉动的同时，第三产业对全市经济发展的作用也基本与第二产业旗鼓相当，但整体而言第三产业占比还比较低。2016 年，重庆第三产业占地区生产总值的比重为 48.4%，比第二产业占比高出 4.2 个百分点，但比全国当年51.6% 的水平低 3.2 个百分点，远低于北京（80.3%）、上海（70.5%）和天津（54.0%）的同期水平，而发达国家第三产业产值一般占 GDP 的比重高达70% 左右。从内部结构看，目前重庆第三产业中金融服务业、批发零售业和房地产业等服务行业占比较高，对第三产业增长率的贡献影响较大，而旅游、电子商务、现代商贸物流、信息咨询、中介服务等现代新兴服务业发展不够（见表 5-4）。

表 5-4   2016 年重庆第三产业构成

指标	批发和零售业	交通运输仓储及邮政业	住宿和餐营业	金融业	房地产业	其他服务业
绝对值（亿元）	1 470.85	848.22	391.19	1 642.59	926.19	3 221.32
占第三产业比重（%）	17.4	9.9	4.5	19.4	11.0	37.8

数据来源：重庆市统计局. 2017 重庆统计年鉴［M］. 北京：中国统计出版社，2017.

三、产业协同性不强

一是产业发展区域协同度不高。区域间以及区域内部区县间产业发展的整体协同度不高，四大片区之间产业发展的整体性、协同性不强。区域间资本、人才、信息、技术等生产要素的自由流动和资源的优化配置依然得不到保障，四大片区之间的产业发展缺乏整体联系，协作程度较弱。各片区内部区县间同质化恶性竞争突出，区县各自为政，招商引资过程中经常出现恶性竞争，一些产业项目也存在重复建设，产业结构趋同现象突出。如渝西片区东部、西部等板块都在竞相加快发展汽车及零部件、装备制造等产业，甚至发展的细分产品也是趋同的。此外，各片区产业布局多是以工业园区、各类开发区为载体的地理空间聚集，集群内部制造业与生产性服务业仍然缺乏有效的分工协作机制。

二是产业城乡布局协调性不强。与全国的情况一致，长期以来，重庆产业布局及发展整体采取了"城市倾斜、工业倾向"的政策取向，在产业政策、要素流向和人口流动等方面都支持城市工业优先发展。这种"城市倾斜、工业偏向"的产业发展政策，导致农村及涉农产业发展滞后，农村经济增长乏力，农村与城市的经济发展差距不断拉大，形成了非协同发展的城乡产业关系。2016 年，重庆第一产业占地区生产总值的比重为 7.4%，第一产业就业人员所占比重为 28.9%，与第二、第三产业相比，农业劳动生产率较低。城乡居民收入比为 2.56，大于浙江、上海、江苏、湖北、河南、江西、安徽、四川 8 省市。主城片区人均地区生产总值分别是渝西片区、渝东北片区、渝东南片区的 1.8、2.4、2.5 倍，主城区和渝西片区对其他两大片区的辐射带动作用有限，"小马"拉"大车"局面的困扰依旧。此外，还存在城乡产业关联性不强、城乡产业同构、城乡产业布局不合理等问题。

三是产业布局与生态环境保护之间协调性不够。全市产业布局与生态环境承载力之间不协调不可持续的问题依然突出。空气污染因子更趋多样化、复杂化，主城区 PM10、PM2.5 年均浓度仍然偏高。重庆作为长江生态文明建设先行示范带的重要组成部分，目前长江沿岸部分城市重化工业沿江布局现象依然存在，长江部分支流污染严重，水华现象时有发生，个别流经城镇的河流黑臭问题突出。此外，全市循环经济发展尚未有效形成，地质灾害点多面广、环境风险源量大面广，生态文明建设的任务艰巨。

四、产业创新性不强

一是高新技术产业规模不大。近年来，以先进制造与自动化、电子信息、新材料等行业为主的重庆高新技术产业发展较快，高新技术产业集群正逐渐成为推动全市产业升级与创新发展的主导力量。但整体而言，全市高新技术产业发展还存在规模不大、创新能力不强、产业化投入不足等问题。如表 5-5 所示，2016 年，全市高新技术产业企业 678 家，仅占全国的 2.2%；高新技术企业主营业务收入 4 896 亿元，仅占全国的 3.2%。企业数量和主营业务收入都远低于北京、上海、江苏、浙江、广东等发达省市，也低于同处西部的四川。

表 5-5　　　　2016 年重庆及部分省市高新技术产业规模对比

行政地区	企业数		主营业务收入	
	数量 （个）	占全国比重 （%）	绝对值 （亿元）	占全国比重 （%）
北京	795	2.6	4 308.542	2.8
天津	533	1.7	3 762.453	2.4

表5-5（续）

行政地区	企业数		主营业务收入	
	数量（个）	占全国比重（%）	绝对值（亿元）	占全国比重（%）
上海	991	3.2	7 010.18	4.6
江苏	5 007	16.3	30 707.9	20.0
浙江	2 595	8.4	5 885.165	3.8
广东	6 570	21.3	37 765.17	24.6
重庆	678	2.2	4 896.028	3.2
四川	1 107	3.6	5 994.385	3.9

注：2016 年全国高新技术产业企业 30 798 个，主营业务收入 153 796.3 亿元。

数据来源：科学技术部. 2017 中国科技统计年鉴［M］. 北京：中国统计出版社，2017.

二是产业技术创新研究力度不够，创新发展水平仅处于全国中等偏下位置。研究与实验发展投入及产出、高层次创新平台、科技创新人才等规模不尽如人意，是制约重庆产业创新发展的最大"痛点"和瓶颈。目前，重庆列入"985"的仅有重庆大学 1 所，中央属科研院所重庆仅有 2 家，国家级研发平台重庆拥有 42 个。2016 年，重庆两院院士（中国科学院院士、中国工程院院士）共 13 人，占全国院士总数的比例不到 1%。2016 年，重庆规模以上工业企业研究与试验发展（R&D）经费为 237.5 亿元，占全国的比重仅为 2.2%，有效发明专利数 8 585 件，占全国的比重仅为 1.1%（见表 5-6）。

表 5-6　　　　　　　　2016 年重庆及部分省市规模以上

工业企业 R&D 经费及有效发明专利情况

行政地区	R&D 经费		有效发明专利	
	绝对值（亿元）	占全国比重（%）	数量（件）	占全国比重（%）
重庆	237.5	2.2	8 585	1.1
四川	257.3	2.4	24 065	3.1
陕西	184.4	1.7	11 520	1.5

注：全国规模以上工业企业 R&D 经费为 10 944.7 亿元，有效发明专利数 769 847 件。

数据来源：科学技术部. 2017 中国科技统计年鉴［M］. 北京：中国统计出版社，2017.

三是产业技术创新的内生动力不足，核心技术对外依赖度较高。目前重庆拥有自主知识产权核心技术的企业比例很低，诸多行业的对外技术依存度较高。有关研究资料表明，目前重庆多数企业主要靠花钱买技术，企业技术引进费用与消化吸收经费的比例高达 14：1，90% 以上的企业没有研究机构和研发团队，50% 以上的企业没有技术创新活动，80% 以上的企业没有专利。科技型大中企业核心技术体系来源于发达国家专利授权和技术引进的占 90%，部分关键核心技术来源于"产学研合作开发"的比重仅为 24.6%①。以战略性新兴制造业为例，从技术创新的类型上看，目前重庆市战略性新兴制造业在技术创新方面主要为引进型、改进型创新，自主型创新不强，产业发展中的核心技术主要掌控在外方，技术专利、技术标准和主导设计在很多领域受制于人。

四是科技成果转化率和产业化率偏低。近年来，重庆不断加大科技成果转化和新产品市场投入的扶持力度，但新技术转化率和产业化率严重偏低问题仍是制约全市产业健康发展的重要因素。有关研究表明，新技术的应用从孵化、转化到产业化，资金投入的大致比例是 1：10：100，而重庆市的科技投入主要集中于孵化前期，风险投资规模小，多元化投融资体系不健全，以及科技成果转化的支持政策可操作性不强、执行力度不大等问题，导致许多市场前景看好的科研成果难以转化、产业化。

五、产业开放度不高

一是产业外贸依存度低，外需支撑不强。重庆产业外贸依存度一直远低于全国平均水平。2008 年以来，以惠普、富士康、广达、英业达等为主的一批外贸型重大项目入驻后，重庆的进出口迅速增长，从 2008 年的 95.2 亿美元，快速提升到 2016 年的 627.7 亿美元。但这一规模仅占全国同期的 1.7%，也仅相当于同期广东的 6.6%（见表 5-7）。同时，全市出口产品主要是机电产品和笔记本电脑两大类产品，2016 年机电产品出口占全市出口总额的 83.7%，笔记本电脑出口占全市外贸出口总额的 39.2%②，服务贸易和总部贸易等新兴外贸业态体量偏小。全市出口产品较为单一，抗风险能力较弱，对外贸易从数

① 罗宇航. 科技创新基础能力研究：以西部地区重庆为例 [J]. 科技进步与对策，2015，32（6）：55-60.

② 重庆市统计局，国家统计局重庆调查总队. 2016 年重庆市国民经济和社会发展统计公报 [EB/OL]. (2017-03-20) [2017-06-06]. www.jtj.cq.gov.cn/fjsj/sjjd/201703/t20170320_440550.htm.

量增长向质量提高转变仍面临较大难题。

表5-7　　　　2016年重庆和部分省市外贸进出口情况对比

行政地区	绝对值（万元）	重庆占其比重（%）
北京	186 490 024	22.2%
上海	286 623 064	14.4%
江苏	336 143 161	12.3%
浙江	222 072 467	18.6%
广东	631 005 168	6.6%
重庆	41 391 541	100.0%

注：2016年全国外贸进出口额为2 433 864 624万元，重庆占其比重为1.7%。

数据来源：中华人民共和国国家统计局. 2017中国统计年鉴［M］. 北京：中国统计出版社，2017.

　　二是支撑产业开放发展的交通、开放平台等硬件设施保障不足。与东部发达省市相比，目前重庆高速便捷的互联互通能力仍然不足，经济发展的物流成本偏高，产业开放发展的要素集聚流动速度偏慢。同时重庆国家级新区、自由贸易试验区、经济技术开发区、出口加工区、综合保税区等开发开放平台体系虽较为完善，但与东部沿海省市相比，目前开发开放平台示范引领能力仍显不足，高端资源要素集聚能力以及自由贸易程度和便利化水平仍然不高。

　　三是支撑产业开放发展的营商环境不优。首先，与东部沿海等发达省市相比，目前重庆市的政府服务效能仍有较大差距，企业注册、财税服务、人才服务、项目申报审批、政策补贴扶持等行政服务，存在周期偏长、环节烦琐、效率不高等问题。其次，重庆市"双创"服务平台的人才引入政策力度不够、项目引导和配套服务不足等短板明显。最后，重庆市国企改革和投融资改革力度不够，企业融资成本仍然较高。营商环境不优在一定程度上阻碍外资和沿海发达地区的资金投入，从而减缓重庆市产业对内对外开放发展步伐。

重庆产业转型升级研究

第六章　重庆产业转型升级重点关注二：
相关区域产业衰退

《中华人民共和国国民经济和社会发展第十三个五年发展规划纲要》提出，"要加强政策支持，促进资源枯竭、产业衰退、生态严重退化等困难地区发展接续替代产业，促进资源型地区转型创新，支持产业衰退的老工业城市加快转型"。中共中央、国务院印发的《关于全面振兴东北地区等老工业基地的若干意见》指出，"资源枯竭、产业衰退、结构单一地区（城市）转型面临较多困难"，要研究制定支持产业衰退地区振兴发展的政策措施。目前，伴随我国经济发展由高速增长向高质量发展转变，深入推进供给侧结构性改革，充分挖掘新动能，着力推进重点区域产业转型升级和经济结构调整的意义重大。基于经济发展的新时代背景和重庆经济、产业发展的结构性和区域性特征，本章主要在探讨产业衰退地区的产生和影响的基础上，通过构建产业衰退地区的识别方法，对重庆产业衰退地区进行三次分层识别，鉴别重庆产业衰退地区程度，并就这些区域产业衰退的原因和影响进行分析，为推动重庆产业转型升级提供重要参考。

一、产业衰退地区的产生和影响

（一）产业衰退地区的产生

产业发展是经济发展的重要支撑和保障。与经济发展的阶段性一样，产业发展指的是产业的产生、成长和进化的过程，每一个产业也都有它的产生、发展和衰退的过程，即产业呈现出来的生命周期。产业经济学中，一个产业的生命周期可以划分为四个阶段，即投入期、成长期、成熟期和衰退期。当一个产业进入衰退期时，将主要呈现出该产业市场需求逐步萎缩、发展速度大幅降低甚至为负数、在整个产业系统中的比重不断下降、地位和作用不断减弱并呈现衰而不亡的特征。

目前，国内外学界对"衰退产业区"并没有严格的官方的概念界定，多是对产业衰退区进行简单的现象描述、原因分析、指标识别等。在国外，产业衰退区一般被称作"萧条地区"（Depressed Regions）、萧条的"老工业区"（Old Industrial Areas）或者"衰退地区"（Declining Areas）。历史上，英国、德国、加拿大、日本等发达国家和大部分发展中国家都经历过或大或小的产业衰退进程，历史上曾辉煌一时的内燃机、纺织业、钢铁等初级能源原材料业，都在时代的发展中、技术的进步中及产业发展的规律下不可避免的衰退了。当然，不同的国家或地区产业衰退地区的产生原因都不尽相同，如德国的老工业区——鲁尔区受二战后产业革命浪潮的冲击，以煤、钢铁等为基础的重化工业经济结构的弊端日益显现，陷入结构老化、结构衰退的危机之中；如日本九州的产业衰退是受到二战后为恢复经济而实行"倾斜生产方式"的政策性影响，导致20世纪六七十年代该地区在煤炭、炼钢、炼铝、造船、化肥等主导产业方面的大面积衰退，导致该地区工业产值在日本工业中的比重持续下降，严重影响了九州地区的经济社会发展；再如我国的东北地区产业衰退是在改革开放的过程中缓慢出现的，由于区位优势的差异性，东北地区把重点主要放在交通机械制造业等传统优势产业的再建方面，而忽略了把重点放在高新、新兴产业领域的培育方面，经济的主要部门主要依靠制度优势而非市场机制优势在运行，随着改革开放和市场经济体制的不断推进和完善，东北地区积重难返，因此呈现比较明显的产业衰退特点。

因此，本研究认为，当一个地区主导产业在较长时期内呈现产业衰退的特征，同时又没有新兴产业的接续性发展，其经济、就业、民生等问题接踵而至、不断突出，较大程度或严重影响了当地的经济社会发展，我们可以将这种地区理解为产业衰退地区。

（二）产业衰退对地区发展的影响

从日本九州、德国鲁尔区、加拿大尼亚加拉地区等地的历史经验来看，产业衰退不仅会导致经济发展的滞后和产业结构的升级，还会导致失业问题、社会稳定等衍生性问题。总体来看，产业衰退对地区造成的影响主要包括以下三个方面：

一是产业系统受到冲击。产业衰退地区的产业结构往往比较单一、产业链条短，主导产业主要以传统的制造业、初级能源、煤炭钢铁等资源加工、纺织业、原材料业等为主，这些产业往往附加值不高、原始创新动能较低，处于产业链的低端。随着时代的变迁、科技革命和产业革命的更替，这些产业逐步进入衰退期，并在整个系统中的比重不断下降。在新旧动能转换的接续期内，如果新兴产业不断形成和发展并逐步代替原有主导产业的地位和作用，则会实现良好的接续和发展；但如果新兴产业发展滞后、规模较小、质量不高，则会导致该地区产业发展受到较为严重的冲击，产业系统和产业结构发生较大的变化，从而对经济的发展造成影响。

二是地区经济发展明显落后。当一个地区出现产业衰退特征时，这些地区在国民经济中的地位和影响力会逐步下降，甚至会从一个区域国民经济的中心区或核心区演变为一个边缘区或问题区。同时，当传统主导产业与新兴产业间的接续产生问题或错位，其经济发展将会明显地逐步落后于全国或区域平均水平，经济增速明显下滑，导致地区间经济发展水平的差距加大、产业发展不平衡、产业发展不协调等问题产生，各种资本、人才、技术等生产要素也会流向其他地区，造成区域经济发展差距的进一步拉大。

三是对社会稳定的影响。当一个地区产业繁荣时，会大量吸引外来和周边的劳动力，并创造更多的就业岗位和拉动相应的住房、餐饮等消费业。而当一个地区出现产业衰退后，由于需求的下降和大量企业工厂的停工，会使生产能力过剩并产生较为严重的失业问题，由于缺少就业机会、失去就业机会等会使大量的人失去生活来源和渠道，从而带来消费市场的整体动荡和更多的社会稳定问题。

二、产业衰退地区的识别方法

构建合理的产业衰退区识别方法是识别产业衰退地区，并向产业衰退地区制定产业发展转型升级政策的重要基础。20世纪60年代以来，国内外相关研究机构和专家先后建立了与区域发展相关的指标体系，对产业衰退地区发展进行了相关评价和分析。如英国政府在采用人均GDP等硬性指标的同时，引入了4个指标，包括就业参与度、以家庭为单位的失业率、可就业人口的失业率、当地对制造业的依赖程度，并依此对产业衰退地区的衰退程度进行排序；如国内对产业衰退地区的评价研究主要集中在资源型枯竭型地区、老工业基地等特殊类型地区的可持续发展指标体系研究等方面。

本书主要运用"三次识别法"识别重庆市产业衰退地区。在识别区域方面，本书充分考虑到区域经济和产业相关数据的可得性，将全市划分为主城片区、渝西片区、渝东北片区、渝东南片区四大片区，本部分将按此进行区域性划分并逐次进行产业衰退地区识别（见表6-1）。

表6-1 四大片区划分

片区	区县范围
主城片区	主城片区包括渝中、大渡口区、江北区、沙坪坝区、九龙坡区、南岸区、北碚区、渝北区、巴南区、两江新区
渝西片区	渝西片区包括涪陵区、长寿区、江津区、合川区、永川区、南川区、綦江区、大足区、璧山区、铜梁区、潼南区、荣昌区以及万盛经开区
渝东北片区	渝东北片区包括万州区、开州区、梁平区、城口县、丰都县、垫江县、忠县、云阳县、奉节县、巫山县和巫溪县
渝东南片区	渝东南片区包括黔江区、武隆区、石柱县、秀山县、酉阳县和彭水县

（一）一次识别方法

产业是经济社会赖以发展的基础和保障，产业体系是在历次工业和科技革命的推动下逐步形成和完善的。迄今为止，人类满足需求的主要方式仍主要通过以第二次产业革命时期形成的产业体系即第二产业尤其是工业为主，并以第三次产业革命时期形成的新产业为辅而实现的。因此，立足经济增长理论、产业发展理论和区域经济理论，一次识别主要从投资、产出、收入等主要角度进行指标角度的构建，最先识别出发展基础和产业基础尤其是工业基础较差地区。

具体来看，我们采用"区域横向对比法"，在识别年份期间，横向对比不同区域的主要经济指标（产业指标）排位，识别出排在后两位的区域，进行二次识别。

（1）识别指标：主要选取人均地区生产总值、工业增加值、固定资产投资、一般公共预算收入等主要经济指标。

（2）识别年份：2013—2016年。采用时段数据，利于数据的稳定性。

（3）识别过程：通过比较全市四大片区2013—2016年人均地区生产总值占全市人均地区生产总值比重、人均工业增加值占全市人均工业增加值比重、人均固定资产投资占全市人均固定资产投资比重、人均一般公共预算收入占全市人均一般公共预算收入比重等主要经济指标，四项指标中均排位在后两位的片区为一次识别区域。

（4）数据来源：重庆市2014—2017年统计年鉴。

（二）二次识别方法

在一次识别的基础上，我们根据区域经济和产业数据的可获得性，继续根据一次识别出的两个片区在产出、收入等方面占全市比重的发展变化程度大小进行二次识别。

具体来看，我们采用"区域纵向对比法"，在识别年份期间，纵向考察一次识别出两个片区的主要经济指标（产业指标），识别出指标下滑（下降）幅度较大、发展相对缓慢的区域。

（1）识别指标：选取地区生产总值、第二产业增加值、工业总产值等主要经济指标，从纵向发展趋势的角度进行二次识别。

（2）识别年限：本研究将时点设定为重庆直辖（1997年）、直辖十年（2007）、直辖约二十年（2016年）。

（3）识别过程：分别对1997年、2007年和2016年一次识别出的两大片区地区生产总值占全市比重、第二产业增加值占全市比重、工业总产值占全市比重等主要指标进行纵向比较，在识别年份期间，三项指标中下滑幅度较大或发展相对缓慢的区域为识别区域。

（4）数据来源：重庆市1998年统计年鉴、2008年统计年鉴、2017年统计年鉴，以及相应年份的统计公报、政府工作报告等。

（三）三次识别方法

经过一次识别、二次识别出某片区后，我们根据区县经济和产业数据的可获得性，从经济增长、产业发展、就业和生活三个维度设定重要识别指标，并根据区县指标在纵向角度的程度变动比进行相应的加权比较，最终得出不同区县的分值排序，分值越低说明其产业衰退程度更加明显。

具体来看，运用"加权综合评分模型"和"区县纵向对比得分法"，设计"重庆市产业衰退识别指标体系"，并对指标赋予不同的权重分值，在识别年份期间（报告期和基期），根据各指标的变化情况进行分值计算。

（1）识别指标：将识别指标分为经济发展指标、产业发展指标、就业和生活指标三大类，总分值为100，分别赋予30、40和30的权重分值。

其中，经济发展指标包括：①经济增长（地区生产总值）区县排位变动程度比（10）；②固定资产投资占地区生产总值比重变动程度比（10）；③＊①一般预算收入占渝东北片区比重变动程度比（10）。

---

① "＊"表示"十五"末数据。

产业发展指标包括：①第二产业增加值占地区生产总值比重变动程度比（10）；②＊工业全员劳动生产率占渝东北片区比重变动程度比（15）；③＊工业利润总额占主营业务收入比重变动程度比（15）。

就业和生活指标包括：①登记失业率变动程度比（5）；②失业人员登记数变动比（15）；③农村居民人均收入占全市人均变动程度比（10）。

（2）识别周期：根据相关产业数据的可获得性，本研究主要将"九五"末时点数据作为基期（除一般预算收入、工业全员劳动生产率、工业利润总额指标以"十五"末时点数据作为基期以外），"十二五"末时点数据作为报告期数据，考察基期与报告期之间经济产业发展的变动情况。

（3）识别过程：运用"加权综合评分模型"和"区县纵向对比得分法"，在识别年份期间（报告期和基期），对经济指标、产业指标、就业和生活指标等细分指标赋予不同的权重分值，根据各指标的变化情况进行分值计算，分值越低的区县产业衰退的特征相对越明显。

本研究运用加权综合评分模型和计算方法进行定量计算。模型如下：

$$F = \sum_{i=1}^{n} P_i \times Q_i$$

$$Q_i = \frac{q_{i1}}{q_{i0}} \text{ 或 } Q_i = \frac{q_{i0}}{q_{i1}}$$

其中，F 为区县总分值，n 为指标个数，P_i 为指标权重，Q_i 为指标数值，q_{i1} 为报告期数值，q_{i0} 为基期数值。

根据产业衰退的识别分数依次排序，总体按 4 : 4 : 3 的比例划分为产业衰退特征不明显、产业衰退特征显现、产业衰退特征明显三类地区。其中，产业衰退特征不明显地区的得分值原则上应在该片区所有区县得分平均分以上。

（4）数据来源：重庆市 2001 年、2006 年、2016 年统计年鉴。

三、重庆产业衰退地区识别

根据上述产业衰退地区的"三次识别法"，本书将分阶段、分层次对重庆市产业衰退地区进行识别，在识别的基础上，为重庆市优化产业转型升级提供重点地区参考。

（一）一次识别

根据前文构建的一次识别的方法，形成一次识别指标表（见表6-2），四大片区按四个识别指标分别进行识别。

表6-2 **一次识别指标表**

序号	识别指标	识别年份	识别标准
1	重庆市各片区人均地区生产总值占全市人均地区生产总值比重		
2	重庆市各片区人均工业增加值占全市人均比重	2013—2016年	在识别年份期间，四项指标中均排位在后两位的区域为识别区域
3	重庆市各片区人均固定资产投资额占全市人均比重		
4	重庆市各片区人均一般公共预算收入占全市人均比重		

1. 人均地区生产总值

图6-1为重庆市各片区人均地区生产总值占全市人均地区生产总值比重对比情况。

从图中可以看出，2013—2016年，人均地区生产总值占全市人均地区生产总值比重最高的是主城片区，其次为渝西片区，排位在后两位的分别是渝东北片区和渝东南片区。

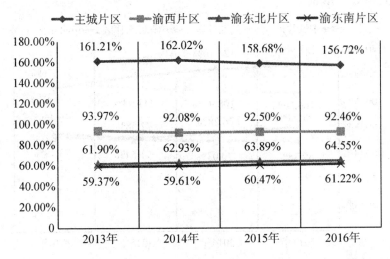

图6-1 四大片区人均地区生产总值占全市人均地区生产总值比重

2. 工业增加值

图6-2为重庆市各区域人均工业增加值占重庆全市人均工业增加值比重对比情况。

图6-2　四大片区人均工业增加值占全市人均比重

从图中可以看出，2013—2016年，主城片区和渝西片区工业增加值占比较高，排位均在前两位；渝东北片区和渝东南片区占比相对较低，排名处于后两位。

3. 固定资产投资

图6-3为重庆市各区域人均固定资产投资额占重庆全市人均固定资产投资额比重对比情况。

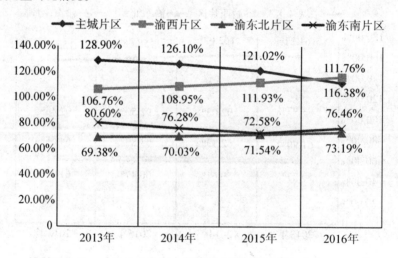

图6-3　四大片区人均固定资产投资额占全市人均比重

从图中可以看出，2013—2016年，渝西片区和主城片区排位均处于前两位；渝东南片区和渝东北片区排位处于后两位。

4. 一般公共预算收入

图6-4为重庆市各片区人均一般公共预算收入占重庆全市人均一般公共预算收入比重对比情况。

图6-4 四大片区人均一般公共预算收入占全市人均比重

从图中可以看出，2013—2016年，主城片区和渝西片区占比排位前两位；渝东南片区和渝东北片区排位处于后两位。

5. 一次识别结果

通过横向比较2013—2016年各片区人均地区生产总值占全市人均地区生产总值比重、各片区人均工业增加值占全市人均比重、各片区人均固定资产投资额占全市人均比重、各片区人均一般公共预算收入占全市人均比重等主要经济指标，可以得出：渝东北片区和渝东南片区排位均处于后两位，根据一次识别过程，渝东北片区和渝东南片区为一次识别片区（见表6-3）。

表6-3　　　　　　一次识别片区指标排位综合对比表

序号	识别指标	主城片区	渝西片区	渝东北片区	渝东南片区
1	重庆市各片区人均地区生产总值占全市人均地区生产总值比重	1	2	3	4
2	重庆市各片区人均工业增加值占全市人均比重	1	2	3	4

表6-3(续)

序号	识别指标	主城片区	渝西片区	渝东北片区	渝东南片区
3	重庆市各片区人均固定资产投资额占全市人均比重	1	2	4	3
4	重庆市各片区人均一般公共预算收入占全市人均比重	1	2	4	3

（二）二次识别

根据前文构建的二次识别的方法，形成二次识别指标表（见表6-4），两大片区按三个识别指标分别进行识别。

表6-4　　　　　　　　　　二次识别指标表

序号	识别指标	识别年份	识别标准
1	地区生产总值占全市比重	1997 年、2007 年、2016 年	在识别年份期间，四项指标中下滑（下降）幅度较大或发展相对缓慢的区域为识别区域
2	第二产业增加值占全市比重		
3	工业总产值占全市比重		

1. 地区生产总值

图6-5、图6-6分别为重庆市渝东北片区和渝东南片区地区生产总值占重庆全市地区生产总值比重分别在1997年、2007年和2016年三个年份的对比情况。

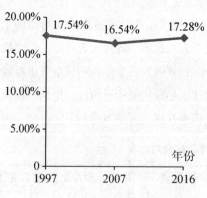

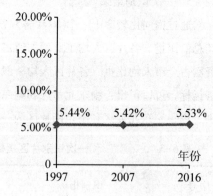

图 6-5　渝东北片区地区
生产总值占全市比重

图 6-6　渝东南片区地区
生产总值占全市比重

从图中可以看出，1997年以来，渝东北片区地区生产总值占重庆地区生产总值比重有所下降，近20年间下滑1.47%；渝东南片区地区生产总值占重庆地区生产总值比重则处于上升趋势，近20年间上升1.62%。

纵向对比看，渝东北片区地区生产总值占重庆地区生产总值比重总体呈现下滑趋势，而渝东南片区总体呈现上升趋势。

2. 第二产业增加值

图6-7、图6-8分别为渝东北片区和渝东南片区第二产业增加值占重庆全市第二产业增加值比重在1997年、2007年和2016年三个年份的对比情况。

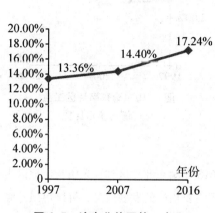

图6-7　渝东北片区第二产业
增加值占全市比重

图6-8　渝东南片区第二产业
增加值占全市比重

从图中可以看出，1997年以来，渝东北片区和渝东南片区第二产业增加值占重庆全市第二产业增加值的比重均有上升，但渝东北片区上升趋势不明显，近20年间上升29%；而渝东南片区则迅速上升，近20年间上升268.89%，2016年占比是1997年的3.69倍。

纵向对比看，渝东北片区第二产业增加值占重庆全市第二产业增加值比重虽有上升，但相对渝东南片区上升更加缓慢，呈现一定的滞后性。

3. 工业总产值

图6-9、图6-10分别为渝东北片区和渝东南片区工业总产值占重庆全市工业总产值比重在1997年、2007年和2016年三个年份的对比情况。

从图中可以看出，1997年以来，渝东北片区和渝东南片区工业总产值占重庆全市工业总产值比重均有上升，但渝东北片区近20年间仅上升2.20%；

而渝东南片区占比上升较快，达 123.90%，2016 年占比是 1997 年的 2.24 倍。

纵向对比看，渝东北片区工业总产值占重庆全市工业总产值比重虽略有上升，但相对渝东南片区上升更加缓慢，呈现一定的滞后性。

图 6-9　渝东北片区工业
总产值占全市比重

图 6-10　渝东南片区工业
总产值占全市比重

4. 二次识别结果

通过纵向比较 1997 年、2007 年和 2016 年渝东北片区和渝东南片区地区生产总值、第二产业增加值、工业总产值等主要指标的发展情况，可以得出：渝东北片区在地区生产总值方面呈现下滑趋势，且下滑幅度大；在第二产业增加值、工业总产值占比等方面发展缓慢（见表 6-4）。根据二次识别过程，渝东北片区为二次识别区域。

表 6-4　　　　　　　　　二次识别各区域指标综合对比表

序号	识别指标	渝东北片区	渝东南片区
1	地区生产总值占全市比重	下滑	上升
2	第二产业增加值占全市比重	发展缓慢	发展迅速
3	工业总产值占全市比重	发展缓慢	发展迅速

（三）三次识别

根据前文构建的三次识别的方法，形成三次识别指标表，本书将按以下三个维度九个指标分别对渝东北片区 11 个区县的产业衰退程度进行识别（如表 6-5 所示）。

表 6-5　　　　　　　　　　　重庆市产业衰退识别指标体系

序号	分类识别指标及权重		识别周期	计算方法	指标含义	识别标准
1	经济发展指标（30）	经济增长（地区生产总值）区县排位变动程度（10）	基期："九五"末（标*为"十五"末）报告期："十二五"末	本项分值=（基期数值/报告期数值）×本项权重	若基期数值与报告期数值比小于1，说明该区县发展相对滞后	各项分值相加为该区县产业发展情况总得分
2		固定资产投资占地区生产总值比重变动程度比（10）		本项分值=（报告期占比数值/基期占比数值）×本项权重	若报告期数值与基期数值比小于1，说明该区县固定资产投资相对缓慢	
3		*一般预算收入占比变动程度比（10）		本项分值=（报告期数值/基期数值）×本项权重	若报告期数值与基期数值比小于1，说明该区县财政收入相对缓慢	
4	产业发展指标（40）	第一产业增加值占地区生产总值比重变动程度比（10）		本项分值=（报告期占比数值/基期占比数值）×本项权重	若报告期数值与基期数值比小于1，说明该区县第二产业发展相对缓慢	
5		*工业全员劳动生产率片区排位（15）		本项分值=（基期数值/报告期数值）×本项权重	若基期数值与报告期数值比小于1，说明该区县工业效益提升缓慢	
6		*工业利润总额片区排位（15）		本项分值=（基期数值/报告期数值）×本项权重	若基期数值与报告期数值比小于1，说明该区县工业收益增长缓慢	
7	就业和生活指标（30）	登记失业率变动程度比（5）		本项分值=（基期数值/报告期数值）×本项权重	若基期数值与报告期数值比小于1，说明该区县失业人数相对增加	
8		失业人员登记数变动比（15）		本项分值=（基期数值/报告期数值）×本项权重	若基期数值与报告期数值比小于1，说明该区县失业人数相对增加	
9		农村居民人均收入占全市人均变动程度比（10）		本项分值=（报告期数值/基期数值）×本项权重	若报告期数值与基期数值比小于1，说明该区县居民收入增长相对缓慢	

1. 城口县

城口县位于川、陕、渝三省（市）交界处，重庆市东北边缘，矿藏资源丰富，已发现铁、锰、钡、钒等20多种矿产。"九五"时期以来，城口县以锰为主的矿产资源加工业持续增长，逐步成为城口特色支柱产业，同时近几年城口县的水电生产业逐步发展。表6-6为城口县产业衰退识别表，通过计算，最后得分为158.01分。

表6-6   城口县产业衰退识别表

序号	识别指标		识别周期			指标值	
	一级指标	二级指标	"九五"期末/＊为"十五"期末	"十二五"期末	变动情况	权重	得分
1	经济发展（30）	人均地区生产总值排位（位次）	38	38	1.000	10	10.00
2		全社会固定资产投资占地区生产总值比重（%）	0.340	1.731	5.091	10	50.91
3		＊一般预算收入占比变动程度比（%）	0.039	0.015	0.385	10	3.85
4	产业发展（40）	第二产业增加值占地区生产总值比重（%）	0.204	0.493	2.417	10	24.17
5		＊工业全员劳动生产率片区排位（位次）	5	10	0.500	15	7.50
6		＊工业利润总额片区排位（位次）	8	11	0.727	15	10.91
7	就业生活（30）	城镇登记失业率（%）	1.200	3.100	0.387	5	1.935
8		失业人员登记数（万人）	0.130	0.050	2.600	15	39.00
9		农村居民人均收入占全市人均变动程度比（%）	0.707	0.688	0.973	10	9.73
10	分值合计		—	—	—	—	158.01

2. 巫溪县

巫溪县位于重庆市东北部，大巴山东段南麓，是国家扶贫工作重点县、国家重点生态功能县、三峡库区移民县。"十五"以来，巫溪县基本形成了以煤炭为主导的支柱产业。近几年，为积极贯彻落实供给侧结构性改革"去产能"任务，该县逐年清除关停部分小规模煤矿，一定程度上制约了该县的经济发展，但得益于库区产业发展和相关项目扶持政策的支持，巫溪县在固定资产投资、工业全员劳动生产率等方面展现出较好的发展趋势，在生态工业、旅游业等方面逐步展现优势。表6-7为巫溪县产业衰退识别表，通过计算，最后得分为 184.84 分。

表 6-7 巫溪县产业衰退识别表

序号	识别指标		识别周期			指标值	
	一级指标	二级指标	"九五"期末/*为"十五"期末	"十二五"期末	变动情况	权重	得分
1	经济发展（30）	地区生产总值排位（位次）	37	37	1.000	10	10.00
2		固定资产投资占地区生产总值比重（%）	0.304	2.090	6.875	10	68.75
3		*一般预算收入占比变动程度比（%）	0.024	0.036	1.500	10	15.00
4	产业发展（40）	第二产业增加值占地区生产总值比重（%）	0.173	0.383	2.211	10	22.11
5		*工业全员劳动生产率片区排位（位次）	10	8	1.250	15	18.75
6		*工业利润总额片区排位（位次）	11	9	1.222	15	18.33
7	就业生活（30）	城镇登记失业率（%）	4.380	3.420	1.010	5	5.05
8		失业人员登记数（万人）	0.500	0.080	1.098	15	16.47
9		农村居民人均收入占全市人均变动程度比（%）	0.665	0.678	1.020	10	10.20
10	分值合计		—	—	—		184.66

3. 巫山县

巫山县位于重庆市东部，地处三峡库区腹心，曾以烟叶、丝绸等加工制造业为主导产业，三峡移民时期，受库区淹没和环境保护的影响，该县多数工业企业关停并转，大型企业烟厂、丝绸厂等企业关闭，经济整体下滑趋势比较明显。同时，近几年在固定资产投资、工业效益方面发展成效不明显，产业创新能力有待加强。表 6-8 为巫山县产业衰退识别表，通过计算，最后得分为97.95 分。

表 6-8　　　　　　　　　　巫山县产业衰退识别表

序号	识别指标		识别周期			指标值	
	一级指标	二级指标	"九五"期末/＊为"十五"期末	"十二五"期末	变动情况	权重	得分
1	经济发展（30）	地区生产总值排位（位次）	34	36	0.944	10	9.44
2		固定资产投资占地区生产总值比重（%）	0.572	0.875	1.530	10	15.30
3		＊一般预算收入占比变动程度比（%）	0.049	0.048	0.980	10	9.80
4	产业发展（40）	第二产业增加值占地区生产总值比重（%）	0.363	0.495	1.362	10	13.62
5		＊工业全员劳动生产率片区排位（位次）	9	11	0.818	15	12.27
6		＊工业利润总额片区排位（位次）	7	10	0.700	15	10.50
7	就业生活（30）	城镇登记失业率（%）	7.000	2.880	2.431	5	12.16
8		失业人员登记数（万人）	0.180	0.710	0.254	15	3.81
9		农村居民人均收入占全市人均变动程度比（%）	0.666	0.736	1.105	10	11.05
10	分值合计		—	—	—	—	97.95

4. 奉节县

奉节县位于重庆市东部，东邻巫山县、南邻湖北省恩施市、西邻云阳县、北邻巫溪县，位于长江三峡库区腹心地带。该县矿炭资源丰富，是全国 100 个重点产煤县之一，20 世纪 80 年代以来煤炭产业发展迅速。受国家宏观经济形势的影响和应供给侧结构性改革的要求，近几年奉节县煤炭工业限产关矿，产业衰退比较明显。从近几年经济社会发展情况看，奉节县县域经济总体规模较小，产业基础较脆弱。表 6-9 为奉节县产业衰退识别表，通过计算，最后得分为 104.37 分。

表 6-9 **奉节县产业衰退识别表**

序号	识别指标		识别周期			指标值	
	一级指标	二级指标	"九五"期末/*为"十五"期末	"十二五"期末	变动情况	权重	得分
1	经济发展（30）	地区生产总值排位（位次）	28	26	1.077	10	10.77
2		固定资产投资占地区生产总值比重（%）	0.574	1.177	2.051	10	20.51
3		*一般预算收入占比变动程度比（%）	0.071	0.073	1.028	10	10.28
4	产业发展（40）	第二产业增加值占地区生产总值比重（%）	0.204	0.390	1.915	10	19.15
5		*工业全员劳动生产率片区排位（位次）	7	9	0.778	15	11.67
6		*工业利润总额片区排位（位次）	6	8	0.750	15	11.25
7	就业生活（30）	城镇登记失业率（%）	2.800	3.430	0.816	5	4.08
8		失业人员登记数（万人）	0.180	0.550	0.327	15	4.91
9		农村居民人均收入占全市人均变动程度比（%）	0.679	0.798	1.175	10	11.75
10	分值合计		—	—	—	—	104.37

5. 云阳县

云阳县位于重庆市东北部，东邻奉节县，西邻万州区，南邻湖北省恩施州和利川市，北邻开州区、巫溪县。当前，云阳经济社会发展较移民迁建时期有很大进步，但由于工业基础薄弱，仍然呈现经济体量偏小、发展水平偏低、投资力度不够、创新能力不强等特征。表 6-10 为云阳县产业衰退识别表，通过计算，产业识别最后得分为 135.03 分。

表 6-10 **云阳县产业衰退识别表**

序号	识别指标		识别周期			指标值	
	一级指标	二级指标	"九五"期末/*为"十五"期末	"十二五"期末	变动情况	权重	得分
1	经济发展（30）	地区生产总值排位（位次）	27	27	1	10	10.00
2		固定资产投资占地区生产总值比重（%）	0.465	1.281	2.754	10	27.54
3		*一般预算收入占比变动程度比（%）	0.064	0.067	1.047	10	10.47

表6-10(续)

序号	识别指标		识别周期			指标值	
	一级指标	二级指标	"九五"期末/＊为"十五"期末	"十二五"期末	变动情况	权重	得分
4	产业发展(40)	第二产业增加值占地区生产总值比重（%）	0.336	0.434	1.290	10	12.90
5		＊工业全员劳动生产率片区排位（位次）	6	5	1.2	15	18.00
6		＊工业利润总额片区排位（位次）	9	6	1.5	15	22.50
7	就业生活(30)	城镇登记失业率（%）	3.640	2.680	1.358	5	6.79
8		失业人员登记数（万人）	0.350	0.330	1.061	15	15.92
9		农村居民人均收入占全市人均变动程度比（%）	0.790	0.862	1.091	10	10.91
10	分值合计		—	—	—	—	135.03

6. 开州区

开州区位于重庆市东北部，三峡库区小江支流回水末端，西邻四川省开江县、北邻城口县和四川省宣汉县、东邻云阳县和巫溪县、南邻万州区。开州区的水泥生产始于20世纪70年代初期，逐步成为开州的主导产业，其后，开州区逐步在能源、建材、食品工业、服装轻纺方面逐步打造四大传统支柱产业，但仍面临传统产业转型升级难度大、新兴产业培育不足和发展不够等问题。表6-11为开州区产业衰退识别表，通过计算，最后得分为123.09分。

表6-11　　　　　　　开州区产业衰退识别表

序号	识别指标		识别周期			指标值	
	一级指标	二级指标	"九五"期末/＊为"十五"期末	"十二五"期末	变动情况	权重	得分
1	经济发展(30)	地区生产总值排位（位次）	17	18	0.944	10	9.44
2		固定资产投资占地区生产总值比重（%）	0.370	1.100	2.970	10	29.70
3		＊一般预算收入占比变动程度比（%）	0.121	0.113	0.934	10	9.34

表6-11（续）

序号	识别指标		识别周期			指标值	
	一级指标	二级指标	"九五"期末/＊为"十五"期末	"十二五"期末	变动情况	权重	得分
4	产业（40）	第二产业增加值占地区生产总值比重（％）	0.310	0.507	1.635	10	16.35
5		＊工业全员劳动生产率片区排位（位次）	3	7	0.429	15	6.435
6		＊工业利润总额片区排位（位次）	4	4	1	15	15
7	就业生活（30）	城镇登记失业率（％）	5.900	3.070	1.922	5	9.61
8		失业人员登记数（万人）	0.260	0.250	1.040	15	15.6
9		农村居民人均收入占全市人均变动程度比（％）	0.834	0.968	1.161	10	11.61
10	分值合计		—	—	—	—	123.09

7. 万州区

万州区位于长江上游地区、重庆东北部，地处三峡库区腹心，历来为渝东北、川东、鄂西、陕南、黔东、湘西的重要物资集散地。传统化工产业曾是万州区的主导产业，但受经济转型、产业升级以及生态优先、绿色发展的影响，化工等传统产业实行限制性发展，部分化工企业产品价格下降、生产订单减少，融资成本普遍较高，加上人工成本、管理费用、财务费用上涨，相当部分企业经济效益下滑，生产经营困难，传统化工行业逐步走向衰退。近几年，万州区通过推进供给侧结构性改革，不断深化创新驱动发展战略，在培育战略性新兴产业方面取得相应成效，工业全员劳动生产率得到提升，在延缓产业衰退、培育新动能方面取得成效。表6-12为万州区产业衰退识别表，通过计算，最后得分为134.05分。

表 6-12　　　　　　　　　　万州区产业衰退识别表

序号	识别指标		识别周期			指标值	
	一级指标	二级指标	"九五"期末/＊为"十五"期末	"十二五"期末	变动情况	权重	得分
1	经济发展（30）	地区生产总值排位(位次)	7	4	1.750	10	17.50
2		固定资产投资占地区生产总值比重（%）	0.572	0.875	1.530	10	15.30
3		＊一般预算收入占比变动程度比（%）	0.294	0.331	1.126	10	11.26
4	产业（40）	第二产业增加值占地区生产总值比重（%）	0.366	0.495	1.351	10	13.51
5		＊工业全员劳动生产率片区排位（位次）	4	2	2	15	30.00
6		＊工业利润总额片区排位（位次）	1	1	1	15	15.00
7	就业生活（30）	城镇登记失业率（%）	5.800	6.500	0.892	5	4.46
8		失业人员登记数（万人）	0.730	0.710	1.028	15	15.42
9		农村居民人均收入占全市人均变动程度比（%）	0.880	1.021	1.160	10	11.60
10	分值合计		—	—	—	—	134.05

8. 忠县

忠县位于重庆市中部，三峡库区腹心地带，是重庆市蚕桑生产基地县，历史悠久，当地蚕桑产业以及延伸的丝绸产业曾盛极一时。"九五"时期以来，忠县全县丝绸工业成为当地的支柱产业。近几年，忠县通过实施特色产业战略，装备制造、资源工业、数字经济等拉动工业经济发展的势头比较强劲，虽然在经济总量等方面相对落后，但经济增速、规上工业增速在全市比较领先，带动了当地工业效益和附加值的大幅增长。表 6-13 为忠县产业衰退识别表，通过计算，最后得分为 243.06 分。

表 6-13　　　　　　　　　　忠县产业衰退识别表

序号	识别指标		识别周期			指标值	
	一级指标	二级指标	"九五"期末/*为"十五"期末	"十二五"期末	变动情况	权重	得分
1	经济发展(30)	地区生产总值排位(位次)	26	24	1.083	10	10.83
2		固定资产投资占地区生产总值比重（%）	0.447	1.179	2.634	10	26.34
3		*一般预算收入占比变动程度比（%）	0.076	0.070	0.921	10	9.21
4	产业发展(40)	第二产业增加值占地区生产总值比重（%）	0.237	0.507	2.140	10	21.40
5		*工业全员劳动生产率片区排位（位次）	8	1	8.000	15	120
6		*工业利润总额片区排位（位次）	10	5	2.000	15	30
7	就业生活(30)	城镇登记失业率（%）	4.300	3.400	1.265	5	6.325
8		失业人员登记数（万人）	0.290	0.560	0.518	15	7.77
9		农村居民人均收入占全市人均变动程度比（%）	0.933	1.043	1.118	10	11.18
10	分值合计		—	—	—	—	243.06

9. 梁平区

梁平区位于重庆市东北部，东邻万州区，西邻四川省大竹县，南邻忠县、垫江县，北邻四川省达州市、开江县，是全国第三大烟花爆竹生产基地、西部唯一烟花爆竹生产基地，产品质量水平位居全国前列。近几年，坚持生态优先理念，梁平区相继完成烟花爆竹生产企业、乡镇煤矿关闭转型，有序退出非煤矿山等，对经济发展形成一定的影响。但与此同时，梁平区也在加快构建生态塑料、集成电路、绿色食品加工等特色产业，一定程度上延缓了产业衰退的进程。表 6-14 为梁平区产业衰退识别表，通过计算，最后得分为 143.55 分。

表 6-14　　　　　　　　　　　　梁平区产业衰退识别表

序号	识别指标		识别周期			指标值	
	一级指标	二级指标	"九五"期末/*为"十五"期末	"十二五"期末	变动情况	权重	得分
1	经济发展（30）	地区生产总值排位（位次）	25	22	1.136	10	11.36
2		固定资产投资占地区生产总值比重（%）	0.467	1.104	2.363	10	23.63
3		*一般预算收入占比变动程度比（%）	0.087	0.090	1.034	10	10.34
4	产业（40）	第二产业增加值占地区生产总值比重（%）	0.389	0.544	1.396	10	13.96
5		*工业全员劳动生产率片区排位（位次）	11	4	2.75	15	41.25
6		*工业利润总额片区排位（位次）	3	3	1	15	15.00
7	就业生活（30）	城镇登记失业率（%）	3.500	3.400	1.029	5	5.15
8		失业人员登记数（万人）	0.190	0.240	0.792	15	11.88
9		农村居民人均收入占全市人均变动程度比（%）	0.977	1.073	1.098	10	10.98
10	分值合计		—	—	—	—	143.55

10. 垫江县

垫江县位于重庆市东北部，地处长江上游地区，主要依靠天然气资源推动产业发展，是西南地区天然气能源供应基地、重庆市天然气精细化工、机械制造、生物医药和电子信息产业配套基地。"十一五"时期以来，全县涉及天然气的工业发展势头良好，天然气成为垫江县的主导产业。表 6-15 为垫江县产业衰退识别表，通过计算，最后得分为 153.34 分。

表 6-15　　　　　　　　　　　　垫江县产业衰退识别表

序号	识别指标		识别周期			指标值	
	一级指标	二级指标	"九五"期末/*为"十五"期末	"十二五"期末	变动情况	权重	得分
1	经济发展（30）	地区生产总值排位（位次）	24	23	1.043	10	10.43
2		固定资产投资占地区生产总值比重（%）	0.205	1.218	5.941	10	59.41
3		*一般预算收入占比变动程度比（%）	0.114	0.080	0.702	10	7.02

表 6-15(续)

序号	识别指标		识别周期			指标值	
	一级指标	二级指标	"九五"期末/*为"十五"期末	"十二五"期末	变动情况	权重	得分
4	产业发展(40)	第二产业增加值占地区生产总值比重(%)	0.362	0.499	1.380	10	13.80
5		*工业全员劳动生产率片区排位(位次)	1	6	0.167	15	2.51
6		*工业利润总额片区排位(位次)	2	2	1	15	15.00
7	就业生活(30)	城镇登记失业率(%)	3.500	3.400	1.200	5	6.00
8		失业人员登记数(万人)	0.500	0.270	1.852	15	27.78
9		农村居民人均收入占全市人均变动程度比(%)	0.960	1.093	1.139	10	11.39
10	分值合计						153.34

11. 丰都县

丰都县位于长江上游地区、重庆东部,地处三峡库区腹心,东邻石柱土家族自治县,南邻武隆县、彭水县,西邻涪陵区,北邻忠县、垫江县。化工产业曾是丰都县的主导产业,但出于对生态环保的和产业发展转型的考虑,化工产业逐步衰退,一定程度上影响了经济社会发展。表 6-16 为丰都县产业衰退识别表,通过计算,最后得分为 117.33 分。

表 6-16 　　　　　　　　　　丰都县产业衰退识别表

序号	识别指标		识别周期			指标值	
	一级指标	二级指标	"九五"期末/*为"十五"期末	"十二五"期末	变动情况	权重	得分
1	经济发展(30)	地区生产总值排位(位次)	29	30	0.967	10	9.67
2		固定资产投资占地区生产总值比重(%)	0.674	1.667	2.475	10	24.75
3		*一般预算收入占比变动程度比	0.062	0.077	1.242	10	12.42
4	产业发展(40)	第二产业增加值占地区生产总值比重(%)	0.337	0.475	1.409	10	14.09
5		*工业全员劳动生产率片区排位(位次)	2	3	0.667	15	10.01
6		*工业利润总额片区排位(位次)	5	7	0.714	15	10.71

表6-16（续）

序号	识别指标		识别周期			指标值	
	一级指标	二级指标	"九五"期末/＊为"十五"期末	"十二五"期末	变动情况	权重	得分
7	就业生活（30）	城镇登记失业率（%）	4.300	3.600	0.837	5	4.19
8		失业人员登记数（万人）	1 817	2 520	1.387	15	20.81
9		农村居民人均收入占全市人均变动程度比（%）	0.867	0.926	1.068	10	10.68
10	分值合计		—	—	—	—	117.33

（四）识别结果

我们通过运用"加权综合评分模型"和"区县纵向对比得分法"，在识别年份期间（报告期和基期），对经济发展指标、产业发展指标、就业和生活指标等细分指标的变化情况进行分值计算，可以得出：巫山县、奉节县、丰都县的得分较低，属于产业衰退特征明显地区。开州区、万州区、云阳、梁平区的得分居中，属于产业衰退特征显现地区。垫江区、城口县、巫溪县、忠县的得分在平均值之上，属于产业衰退特征不明显地区。

表6-17　　　重庆市渝东北片区产业衰退程度识别汇总表

序号	区县名称	得分	产业衰退程度
1	忠县	243.06	特征不明显
2	巫溪县	184.66	特征不明显
3	城口县	158.01	特征不明显
4	垫江县	153.34	特征不明显
5	梁平区	143.55	特征显现
6	云阳县	135.03	特征显现
7	万州区	134.05	特征显现
8	开州区	123.09	特征显现
9	丰都县	117.33	特征明显
10	奉节县	104.37	特征明显
11	巫山县	97.95	特征明显

四、产业衰退的原因分析

(一) 产业衰退的一般原因

一是受产品市场需求持续下降的影响。从经济学的需求收入弹性原理看，消费者对需求收入弹性小于 1 的物品的需求将下降，而对需求收入弹性大于 1 的物品的需求将上升。[①] 当某产业的全部产品或部分产品的需求收入弹性小于 1 并持续下降时，则可能会引发该产业的全部产品或部分产品的市场需求量逐年下降甚至完全从市场上消失，从而产生产业衰退。另外，产业发展都有其阶段性，一般都会经历初创、成长、成熟和衰退期，在某产业处于衰退期时，如果能较好地把握好新兴技术和手段，实现产业的创新性发展，则有可能使产业从衰退期重新进入下一轮发展周期。但如果没有较好地运用新技术、新手段，使得生产出来的产品在成本、质量、功能、品种等方面相对其他产品不具有较强的比较性优势，则就可能被其他产品抢占市场并逐步成为衰退产业。

二是受技术进步的影响。技术进步是经济社会发展的必然趋势，每一次科技革命和技术进步都会造就新的需求、产生新的产品形态。受技术进步的影响，消费者会对某产品或某产品的某种特性需求发生变化，如果不及时跟进消费者需求的改变和技术进步的改变，则可能造成某产品或某产业较集中的某地区的市场萎缩和产业衰退。每一次的科技革命和技术进步都会引发新的需求，对老产业、老产品提出挑战。在这种情况下，老产业如不能及时调整产业结构，不能适应或无法满足市场需求，则必然走入产业衰退的境遇。

三是产业的比较优势发生变化。某地区产业的形成很大程度上受该地区的资源比较优势的影响。如英国历史上随着英国国内劳动力成本的上升，进口纺织品比自己生产纺织品更经济，纺织业因而成为衰退产业，再如日本的钢铁工业和造船工业的衰退也是国际比较优势转移的结果。[②] 当一国或地区的产业在国家贸易体系或地区贸易体系中的优劣势发生转变、地位发生变化、作用发生变化，都有可能导致一国或地区某产业的兴盛或衰退。

四是宏观政策的导向。产业发展的影响因素众多，包括自然资源、区位、地理、劳动力、资本、政策等要素，其中政府的宏观政策导向则在一定程度上

---

① 陈豫浩. 需求收入弹性与企业经营决策 [J]. 山东行政学院学报，2001 (4)：7-8.

② 任保平. 衰退工业区的产业重建与政策选择：德国鲁尔区的案例 [M]. 北京：中国经济出版社，2007.

决定了产业的布局和发展。当宏观政策倾向于扶持某产业时，某产业的发展将逐步兴盛，当宏观政策不倾向于扶持某产业时，某产业的发展则有可能逐步失去市场甚至走向衰亡。

（二）产业衰退地区的特殊原因

1. 历史性原因

历史上，作为老工业基地，重庆地理位置优越、工业基础较好、煤炭等能源优势明显，尤其是"三线建设"时期大批工厂内迁至重庆，从重庆到万州等长江沿线城市布局了一大批工矿企业，形成了重庆沿江工业城市群。重庆成为全国"三线建设"的核心，加速了工业化和城镇化的步伐，加快了自身经济社会发展进程。

正当因"三线建设"而繁荣的城市工业产业发展渐入佳境之时，国家开始对三峡工程进行选址论证、规划布局、批准实施，渝东北地区成为三峡工程重庆库区的重要组成部分。在重庆三峡库区中，渝东北片区区县数占总数的40%左右；同时渝东北区县的工业基本布局在沿江，且大部分区县的重点发展区域都集中在淹没线以下。因此，大批工矿企业因三峡工程建设及其淹没水位影响不得不外迁、关闭、破产或销号。此外，固定资产投资、产业发展、安置就业等经济社会发展的方方面面均受到不同程度的影响，呈现投资停滞、产业空虚、就业锐减、发展延缓的态势。

重庆直辖以来，国家虽有大量的资金投入，但由于移民人口多、关破工矿企业多、产业基础薄弱等原因，影响范围广、影响程度深，渝东北地区的产业发展呈现严重的"空虚化"，工业经济增幅大幅降低，同期均慢于全市平均水平，经济社会复苏与发展较为缓慢。"十二五"以来，国家着力优化经济结构、调整产业布局、升级落后产业，给原本产业空虚比较明显的渝东北片区尤其是三峡库区传统产业的发展带来了较大压力。

2. 现实性原因

直辖以来，特别是党的十八大以来，重庆经济稳定健康发展、产业结构不断优化，经济发展呈现稳中有进、稳中向好的整体良好态势。当前，重庆深入贯彻十九大精神，落实习近平总书记提出的"两点"定位、"两地""两高"目标和"四个扎实"的要求，继续稳步推进供给侧结构性改革，着力培育经济发展新动能，经济发展质量和效益不断提升。与此同时，不可忽视的是，重庆是大城市、大农村、大山区、大库区并存地区，城乡和区域发展差距大、资源要素配置不均衡，尤其是库区产业衰退特征十分明显，转型发展面临较多困难，在新兴产业发展不充分、新动能培育不足的情况下，严重制约了当地经济社会发展。

十九大报告提出，生态文明建设是我国永续发展的千年大计，生态文明建设上升为国家战略。近几年，国家先后制定《全国生态保护十三五规划纲要》《长江经济带发展规划纲要》《长江经济带生态文明建设规划》等，并在"十三五"生态文明规划中明确界定"长江沿岸 5 千米范围内禁止新增工业园区，禁止新布局工业项目"，在一定程度上导致了渝东北三峡库区大部分区县的产业衰退。同时，渝东北三峡库区的产业发展、工业布局以及企业引进等方面不仅受到国家宏观政策的较大影响，而且更为关键的是自身缺乏向高端产业转型升级的技术、资本与实力。因此，内外双重压力下，渝东北三峡库区的产业发展必将经历新一轮的产业结构调整之难和转型升级之痛。

3. 具体原因

一是固定资产投资限制是导致产业衰退的历史原因。三峡工程自 1992 年即获得全国人民代表大会批准建设。公开资料表明，从 1980 年三峡工程开始论证，直到 1992 年正式开工，库区经济建设基本停滞不前。在此期间，国家对库区固定资产投资进行严格限制，给当地的经济发展和城市建设造成了较大影响。

二是库区企业关停并转是导致产业衰退的根本原因。自 1992 年以来，针对三峡库区企业的关停并转，断断续续近 20 年。据调查，由于三峡工程的建设，重庆库区迁建工矿企业 1 397 家，工矿企业复建房屋面积 600 多万余平方米。[①] 渝东北三峡库区超过半数以上的企业被关停并转，实体经济受到严重削弱，同时，三峡库区一直是中国的连片贫困地区，库区内有巫山、奉节、云阳等近 10 个国家级贫困县，自然条件差、经济基础弱、交通不便利、企业被关停并转后经济成断崖式滑坡等原因，使得位于库区内的区县经济长期乏力。

三是生态环保优先开发难度大是产业衰退的重要原因。巫山、奉节、云阳、万州、忠县和丰都等区县处于国家主体功能区的限制开发区内，自三峡工程后稍有恢复又面临全面转型，长期以来以传统加工业及开采业等为主导产业

---

① 郎诚. 肩负历史使命 铸就世纪辉煌：三峡工程重庆库区移民工作纪实 [J]. 新重庆，2003 (7)：11–13.

的三峡库区经济发展受到严重制约。

四是中小企业转型不力是产业衰退的直接原因。在供给侧结构性改革的主线下，"三去一降一补"（即去产能、去库存、去杠杆、降成本、补短板）要求淘汰落后的、低利润和高污染的过剩产能，为新兴工业提供空间。然而，在上述衰退地区的区县，普遍以传统工艺且具有一定污染性的中小企业居多，如罐头厂、绢纺厂、丝绸厂、制鞋厂、皮革厂、肉联厂等。同时，由于这些中小企业规模小、实力弱，自身既缺乏向新兴产业转型的技术力量，也没有足够的经济支撑，无法从内部完成转型，又恰逢国家宏观环境结构调整、产业升级，流动性收紧，银行贷款政策谨慎。因此，中小企业在无法通过自身完成转型的同时，也无法通过外部获得诸如贷款等帮助，导致大部分中小企业无法度过向新兴产业转型的阵痛，无法顺利完成转型，只能走向关闭。大量中小企业倒闭，使本来就空虚化的地区经济进一步遭到冲击。

第七章 重庆产业转型升级重点关注三：区域产业结构单一

一般而言，产业衰退地区会具备一些共性特征，比如产业结构单一、经济发展水平较低或落后、失业率高、人民生活水平不高等。可以看到，导致产业衰退地区产生的一个重要因素是产业结构单一，因此，在对产业衰退地区进行分析的基础上，有必要对重庆的产业结构单一地区做必要的关注和分析。作为国家老工业基地之一，随着资源的不断开发，重庆部分区县也同时面临着资源枯竭、结构单一之"痛"，给当地经济社会稳定健康及可持续发展带来了较大影响。认识到产业结构单一的紧迫性并及时采取相应的转型升级措施，是避免走入产业衰退、经济发展滞后阶段的必要路径。

一、产业结构单一地区的产生和特征

（一）产业结构单一地区的产生

产业结构单一地区的产生有着其深刻的理论和历史等原因。

从人类发展进程看，人类最原始的积累是从自然资源积累和加工开始的，也就是生产的基本方式和手段是从资源开采型开始的。随着人类生产力的不断提升，人类逐步采取并不断完善劳动分工制并在资源开采型的基础上进行进一步的深加工和产业链的提升。这意味着在一些资源丰裕、生产力水平相对较低、经济发展基础较差的地区，有可能形成高度依附于自然和矿产等原始资源的单一经济模式。随后，随着人口的迅速增长和人类需求的不断增加，资源特别是不可再生资源在高强度的需求下加速其单一经济枯竭的进程，在技术创新等促进产业转型升级等手段落后的情况下，这些地区就可能因资源日益枯竭而产生产业衰退的特征，产业结构单一地区的转型问题日渐凸显。

从理论上看，倡导专业化、分工化的产业运作是其产生的理论根源。计划经济时代，主张高度的地区专业化生产和"全国一盘棋"，按照固有计划而不是市场经济选择的原则对产业和行业进行区域性的划分和布局，在这种背景下，较快地催生了一批具有鲜明特色产业的特色地区，同时也为这些地区尤其是资源型地区今后的产业结构单一问题埋下了伏笔。改革开放后，随着提高主导产业的产值比重作为地区发展的重要目标，这些地区因产业结构太过单一、技术创新手段跟不上步伐、接替型主导产业发展不足等原因，加速了其产业衰退的进程。

（二）产业结构单一地区的特征

目前，学术界对产业结构单一地区的概念没有统一的提法，现有研究主要集中在对资源型城市等的识别与界定上，少数学者对产业结构单一地区（城市）做了概念上的界定。如宋冬林等（2016）认为，单一结构城市实际上是指依据自身资源禀赋和国家工业布局需要，以本地区的自然资源开采、开发、加工为主而兴起与发展的城市类型。[①] 曹忠祥等（2017）认为，产业结构单一地区是指依据自身资源禀赋和国家工业布局需要，以本地区的自然资源开采、开发、加工为主，或依托单一产业而兴起与发展的地区类型，其主体是资源型城市和部分老工业基地。[②] 孙久文等（2017）认为，单一结构的区域（城市）一般指有40%以上的劳动力以直接或间接方式从事同种资源或产品开发、生产和经营活动的区域和城市等。

结合以上对产业结构单一地区的界定，本书认为，产业结构单一地区主要是指某地区某一产业占有的资源量大，产值（增加值）比例高，吸纳的就业人数比例高（一般是有40%以上的劳动力以直接或间接方式从事同种资源或产品开发、生产和经营活动），以及缴纳税收占当地财政收入的比例高，但随着经济社会发展，该产业却处于下滑、衰退或转型状态的地区。

本书比较认同孙久文等（2017）在《单一结构地区转型的原因与路径探讨》一文中对产业结构单一地区的分类观点，即产业单一结构地区可分为两

① 宋东林，范欣. 东北再振兴：单一结构城市转型之道 [J]. 求是学刊，2016（3）：54-60.
② 曹忠祥，卢伟，公丕萍. 产业结构单一地区的转型与发展 [J]. 中国发展观察，2017（13）：28-30.

种类型①：一是依托自然资源而兴起的区域（城市）。这些区域逐渐形成以自然资源的开采和加工为主导的产业格局，比如山西大同、内蒙古的鄂尔多斯、黑龙江的大庆等。二是以加工制造业为主的区域（城市），这些区域（城市）的形成往往受到历史上国家和地区的政策、原有的工业基础等影响，如湖北的十堰、四川的攀枝花等。因此，当这些区域（城市）所依托的产业出现不景气时，就逐渐步入了产业衰退的行列。

从特征来看，产业结构单一地区主要有以下几个方面的特征：一是该地区资源储量丰富，但受可供开采的资源量减少的影响，以资源依托为发展支撑的单一主导产业总量呈大幅减少或占比呈下滑趋势。二是该地区单一主导产业产品产量较为丰富或占某地区产品产量的比重较高，但产量在逐步大幅降低或占比呈大幅下滑趋势。三是从就业人群的产业分布看，大部分的就业主要通过单一主导产业进行消化，如果主导产业发展呈现大幅下降趋势，则会导致大部分的群体尤其是缺乏专业技能的群体面临失业，不仅增加再就业成本，也会导致人民生活水平的下降，从而在一定程度上增加社会不稳定因素。四是单一主导产业将直接影响该地区的财政收入。由于地区的产业单一结构性特征，其提供的财政收入占该地区财政收入的比重也较高，当这一产业衰退导致产出降低时，则会对该地区的财政收入造成较大影响。五是环境承载力较弱。大部分的产业单一结构地区是资源型城市或老工业基地，大多以粗放型经济为主，由于对环境的依赖度过高，导致一定程度上对生态环境的破坏，增加了环境修复的难度。

总体来看，过于单一的产业结构会在经济、产业、就业、人民生活等方面直接或间接影响到地区的可持续发展能力。一旦单一主导产业出现衰退，整个地区将很快和很大程度上陷入经济衰退过程中，直接或间接地影响大规模的群体失业、导致人民生活水平的降低，进而引发社会不稳定因素的产生。同时，过度依赖自然和矿产等资源，也将对生态环境造成较大程度的损害，增加生态环境修复的难度。

① 孙久文，姚鹏. 单一结构地区转型的原因与路径探讨：以东北地区为例 [J]. 社会科技辑刊，2017（1）：44.

二、产业结构单一地区识别指标

产业结构单一地区的识别是分析产业结构单一地区的前提条件，也是提出产业结构单一地区发展对策的基础。目前，产业结构单一地区识别常用的识别方法包括区位商、地区平均集中率、专业化水平、Hoover 系数等。[①]

本书根据研究的重点以及数据的可获得性，提出指标阈值识别法，用于识别产业结构单一地区。

1. 识别指标

（1）支柱产业占工业总产值比重，即指某支柱产业产值占所在地区地区生产总值的比重。

（2）支柱产业就业比重，即指某支柱产业就业人数占当地总就业人数的比重。

（3）支柱产业纳税比重，即指某支柱产业纳税额占当地财政收入的比重。

2. 识别过程

产业结构单一地区识别方法为单目标制。即某支柱产业在某年度三类指标比重之一等于或高于该阈值的为单一结构地区，即达到其中一项指标标准即为单一结构地区（如表7-1所示）。

表 7-1 产业结构单一地区指标阀值

序号	指标	阈值
1	支柱产业产值占工业总产值比重（%）	30
2	支柱产业就业人数占当地总就业人数的比重（%）	40
3	支柱产业纳税额占当地财政收入比重（%）	30

3. 数据来源

地区统计年鉴、统计公报、政府工作报告等。

三、重庆产业结构单一地区典型案例分析

重庆是全国六大老工业基地之一，也是西南地区重要的能源基地之一，具有典型的资源型城市特征。近年来，国家发展改革委将万盛经开区、南川区纳

---

① 孙久文，姚鹏. 单一结构地区转型的原因与路径探讨：以东北地区为例［J］. 社会科技辑刊，2017（1）：46-47.

入全国第二批、第三批资源枯竭城市范围，将秀山县、垫江县列入首批独立工矿区试点，2017年又将万盛经开区、綦江区纳入全国首批重点采煤沉陷区综合治理试点，加快推动了全市资源型区域的综合治理和转型发展。经过多年的转型发展，目前重庆整体不属于产业结构单一城市，各区县产业体系一般由多个支柱产业和部分新兴产业构成。结合本书对产业结构单一地区的识别方法，我们对重庆市秀山土家族苗族自治县（简称"秀山县"）做典型案例分析。

秀山县位于渝东南边陲，历来是渝、黔、湘、鄂四省（市）边区的物资集散地。秀山县与湖南省花垣县、贵州省松桃苗族自治县并称中国锰业"金三角"，是重庆市和武陵山区集老少边山穷于一身的特殊而重要的独立工矿区之一。秀山县锰产业拥有辉煌的历史，曾一度成为县域经济的重要支柱。根据有关统计资料，经过多年的快速发展，到2004年秀山县已有锰矿石开采企业28户，年产矿石100万吨；锰粉加工企业72家，电解金属锰企业18家，年产规模19万吨。2004年，锰业产值占该县工业企业产值的88%，占全县税收总额的73%，占财政总收入的59%。[①] 此后的10余年，锰产业的产值比重虽然有所减低，但其重要地位一直无可替代。到2014年，秀山规模以上工业企业完成总产值63.7亿元，其中电解锰产值完成27.5亿元（见表7-2），占比43.2%。[②]

表7-2　　　　　　　秀山县近几年经济和锰工业发展情况表

内容＼年份	2005	2008	2010	2014	2016
地区生产总值（亿元，当年价）	27.4	50.0	75.9	126.5	150.6
工业总产值（现价）	24.7	54.7	69.4	100.4	124.3
锰工业产值（亿元）	16	17.95	38.26	27.5（电解锰）	—
财政总收入（亿元）	2.58	7.12	13.52	30.00	20.81
锰工业纳税额（亿元）	1.7	3.35	—	—	—

资料来源：①陈冬梅.秀山锰资源绿色开发利用及保障度研究［D］.重庆：重庆大学，2011.②江湧，冉建华，王晓霞.重庆秀山县绿色经济转型的主要做法及措施建议［J］中国财政，2016（6）：45.

① 金竹.秀山加快建设第一支柱——锰业区域经济［J］.中国民族，2005（11）：62.
② 江湧，冉建华，王晓霞.重庆秀山县绿色经济转型的主要做法及措施建议［J］.中国财政，2016（6）：45.

根据上述信息和数据可知，秀山县锰产业为秀山县支柱产业。结合表7-1产业结构单一地区指标识别标准，在现有数据基础上，按照比例的相似性，我们采用2014年电解锰产值占工业企业总产值的比重来代替锰工业产值占工业总产值的比重，计算出2014年产业结构单一地区第一个指标值为43.2%，超过30%；同时，我们采用2008年锰工业纳税额占财政总收入的比重来计算第三个指标值，计算出2008年产业结构单一地区第三个指标值为47.1%，超过30%。根据单目标制的识别方法可以得出，秀山县是产业结构单一地区（见表7-3）。

表7-3　　　　　秀山县产业结构单一地区指标识别表

序号	指标	阈值	秀山县指标值
1	支柱产业产值占工业总产值比重（%）	30	43.2（2014年）
2	支柱产业就业人数占当地总就业人数的比重（%）	40	—
3	支柱产业纳税额占当地财政收入比重（%）	30	47.1（2008年）

值得注意的是，2015年，重庆市秀山独立工矿区成功纳入国家独立工矿区搬迁改造试点。2015年以来，秀山县坚决加大淘汰落后产能力度，加快锰产业环保改造，锰产业产值开始大幅减少。到2017年，锰产业在全县经济中所占比重已下降到不足1/4，同时秀山县积极培育新兴的接续替代产业，加快发展"四大绿色产业"，即特色生态资源支撑的特色效益农业、特色加工业为主支撑的新型工业、特殊区位支撑的特色商贸物流产业、特色文化资源支撑的民俗生态文化旅游业[①]，让秀山从根本上摆脱"一锰独大"的粗放开发模式，逐步转型到了绿色发展的道路上来，产业结构日趋合理，产业体系不断丰富和完善。

四、产业结构单一地区面临的主要困难

随着供给侧结构性改革的推进，国家产业政策按照高质量发展的方向不断

① 从一锰独大到四大绿色产业 秀山探寻发展新路径［EB/OL］.（2017-10-5）. https://cq.ifeng.com/a/20171005/6047608_0.shtml.

重庆产业转型升级研究

调整，产业结构单一地区由于历史上积累的结构性、体制性矛盾以及失业贫困等因素，在新形势新环境下呈现多种困难或困境，经济社会发展面临较多制约性因素。

一是资源逐步衰竭。在资源型城市，经济和产业发展对矿产资源形成过度依赖，矿产资源减少以及形成的主导产业的逐步衰竭，将日益对这些地区的交通运输、餐饮、服务、房地产业等其他行业产生不同程度的关联性影响，加快经济衰退的进程。

二是产业结构失衡现象严重。一般来看，由于产业结构单一地区大多依赖资源禀赋形成某一两种特定产业独大的相关主导产业，因此第二产业占比较大，且呈现出重化工业、产业深加工不足、产业链低端等显著特征。与此同时，第三产业的发展比较滞后，第二产业与第三产业的比重严重失衡。在受到原材料商品价格下降、市场需求不足等外部环境时，这类地区将受到非常明显的冲击和影响。

三是企业创新力度较弱。在产业结构单一地区，其经济增长主要依赖某一主导产业的增长，这一主导产业下的企业能凭借初期的资源优势或政策优势获得高额的利润和收益，但是随着资源的不断枯竭，加上大部分企业处于粗加工阶段或处于产业链低端，往往缺乏研发创新或技术更新的意识或手段，长此以往，该产业下的企业会逐渐缺乏竞争力。由于创新土壤的缺乏，产业结构单一地区在酝酿新兴产业成长方面的根基和基础也比较薄弱，在短时期难以培育接替型的新兴产业。

四是经济发展与生态保护之间的协调平衡压力较大。产业结构单一地区大多属于资源型城市或老工业基地等类型，多年的持续开采会导致地质和生态环境受到更多的破坏，在相关地质灾害方面存在更多的安全隐患。随着国家对生态环境保护治理力度的加大，传统的以资源开采、加工等为主的产业发展空间进一步受限，单一产业结构地区需要正确处理好经济发展与生态保护平衡之间的关系，而这一要求也越来越高。

五是就业及社会保障压力大。大多数产业结构单一地区的经济发展相对落后，在产业转型升级的过程中，随着以资源为主要依托的主导产业的日益衰竭，将逐步导致地区经济增长缓慢、失业人口增多、居民生活水平下降、社会保障资金缺口加大等问题，增加其民生保障的压力。

第八章　重庆产业转型升级面临的机遇和挑战

当前，全球性新技术革命与经济结构调整有助于重庆加快产业转型升级步伐，国家"一带一路"倡议和长江经济带等重大战略的实施进一步拓展了重庆产业发展的新空间，重庆战略地位不断提升为全市产业优化升级创造了新机遇，全面深化改革的深入实施以及重庆交通区位条件持续改善都将激发全市产业发展的新活力。与此同时，重庆产业优化升级也面临着国际环境变化的不确定性和复杂性持续增加、国内经济稳定发展压力加大、生态建设和环境保护任务重责任大、生产要素成本持续上升和区域竞争日益加剧等挑战。总体而言，未来一段时期内，重庆产业转型升级机遇与挑战并存、困难与希望同在，全市产业必将在机遇与挑战并存中开启优化升级新篇章。

一、重庆产业转型升级面临的五大机遇

（一）国家区域发展新战略拓展新空间

"一带一路"倡议和长江经济带、西部大开发等国家新战略将有利于重庆加速形成国际经贸合作、国内区域合作的新局面，有利于重庆产业进一步扩大开放，培育区域、跨国供应链发展新空间。

一是重庆产业发展的国家政策支持增多。作为西部大开发的重要战略支点及"一带一路"和长江经济带的联结点的重庆，在国家区域发展和对外开放格局中具有独特而重要的作用。随着"一带一路"倡议和长江经济带、西部大开发、成渝城市群等国家战略的深入实施，国家必将在财税、金融、投资、人才和土地等方面给予这些地区更多的政策支持，重庆也将有更多的机会利用国家差异性区域发展政策促进全市产业的转型发展和优化升级。

二是为重庆产业开拓海外市场提供战略新机遇。从产业转移的机理角度看，一方面，"一带一路"沿线国家对机电产品、高新技术产品、资本技术密集型产品的需求对我国相关产业具有较大拉力作用。另一方面，目前我国内需不足和劳动力成本上升等因素又对相关产业产生了一定的推力，这两者组合在一定程度上将加速我国劳动密集型等传统产业的转移和升级步伐。当前重庆产业正处于结构调整和转型升级阶段，"一带一路"将重庆与中亚、南亚、西亚、东南亚其他国家等的经济连接起来，各区域间产业发展互通有无、优势互补，能够助推重庆产业开拓海外市场。

三是为重庆资源富集优势向产业发展优势的转变创造新机遇。由于"一带一路"和长江经济带建设，沿线以交通为主的基础设施条件将得到有效改善，这将极大促进重庆全方位、多层次参与跨境、境内区域合作的力度，为重庆将生态资源、天然气资源、自然旅游自然和人文景观资源等生态资源富集优势加快向产业发展优势转变创造了新机会和新条件，也为重庆实现境内外区域合作的产业结构传递提供了有利条件。

四是助推重庆产业全面参与国际规则创新。我国提出的"一带一路"倡议、亚洲基础设施投资银行、金砖国家新开发银行等，正逐渐创新国际规则。随着我国在国际经贸活动规则制定中话语权的日益提升，重庆产业也必将全面参与国际产业标准体系等国际规则的创新和制定，从而得到更大的发展。

（二）重庆战略地位持续提升创造新机遇

随着国家重大开发开放战略的深入实施，作为中国第四个直辖市、西部地区唯一直辖市、全国中心城市之一和全国统筹城乡综合配套改革试验区的重庆，在促进全国区域协调发展和推进开发开放大局中具有日益重要的战略地位，其发展被国家赋予了越来越重要的历史使命。直辖之初，江泽民提出"努力把重庆建设成为长江上游的经济中心"。2007 年，胡锦涛结合当时重庆的发展阶段提出了重庆发展"314"部署①，同时，国家还把重庆改革发展上升为国家战略，在重庆设立全国统筹城乡综合配套改革试验区，要求重庆加快

---

① 即：明确了三大定位——努力把重庆加快建设成为西部地区的重要增长极、长江上游地区的经济中心、城乡统筹发展的直辖市；提出了一大目标——在西部地区率先实现全面建设小康社会目标；交办了四大任务——加大以工促农、以城带乡力度，扎实推进社会主义新农村建设；切实转变经济增长方式，加快老工业基地调整改革步伐；着力解决好民生问题，积极构建社会主义和谐社会；全面加强城市建设，提高城市管理水平。

统筹城乡改革和发展，把全国统筹城乡改革推向新的阶段。

2016 年 1 月，习近平总书记视察重庆时指出，重庆是西部大开发的重要战略支点，处在"一带一路"和长江经济带的联结点上；要求重庆建设内陆开放高地，成为山清水秀美丽之地；强调扎实贯彻新发展理念、扎实做好保障和改善民生工作、扎实做好深化改革工作、扎实落实"三严三实"要求。2018 年全国两会期间，习近平总书记在参加重庆代表团审议时又要求重庆在加快建设"两地"的基础上，努力推动高质量发展、创造高品质生活。习近平总书记对重庆提出的"两点"定位，"两地""两高"目标和"四个扎实"要求，是把总书记的殷殷嘱托和党的十九大精神全面落实在重庆大地上的"定盘星""总依据""大蓝图"，是着眼全国大局、符合重庆实际、顺应人民期盼的对重庆发展的系统性要求、精准性指导和针对性谋划，更加凸显了重庆在区域发展和全国改革开放大局中日益重要的战略地位，为全市产业优化升级创造了不可多得的新机遇。

（三）新一轮科技创新增添转型新动能

全球性新一轮科技革命加快孕育，创新中国加速推进，全球及国内科技创新和信息化浪潮加速发展，重庆有望获得更多的全球性技术创新红利和可供选择的技术资源，这有利于助推重庆深入实施创新驱动战略，为重庆加快产业转型升级，构建产业新体系提供新动能。

一是现代新技术助推重庆农业实现新突破。科技革命的每一次突破与创新，都推动了农业生产力的新进步。新一轮技术革命，尤其是以信息科技、生物科技和生态农业技术、精准农业技术等为代表的新技术对农业产生的影响越来越广泛、越来越深刻，新一轮农业科技革命必将以前所未有的力量推动重庆农业现代化实现新发展。

二是新一轮科技革命孕育工业化发展新模式。科技革命是工业革命的重要动力。当前，西方工业化国家工业再升级战略逐步实施，信息技术、新能源技术、新材料技术、空间技术和海洋技术等诸多领域实现新突破，人工智能、机器人、物联网、无人驾驶汽车、3D 打印、纳米科技、材料科学、能源储存等科技为重庆工业化发展开拓新模式创造了新机遇，必将进一步加快"重庆制造向重庆'智造'升级"的步伐。

三是现代新技术孕育重庆服务业新业态。世界科技史表明，几次工业革命，基本出发点都是为了满足不断扩大的市场需求，最终带来消费者服务模式的创新。云计算、大数据等新技术和服务业不断融合发展，人工智能、虚拟/增强现实、区块链等前沿领域不断演变出现代新技术在现代服务业中的新应用，"互联网+"正在深刻地改变市民的生产生活方式，也必将催生出重庆现代服务业新业态。

（四）全面深化改革深入实施激发新活力

全面深化改革的目的是"进一步解放思想、解放和发展社会生产力、解放和增强社会活力"。随着全面深化改革的深入实施，将助推重庆营造更有吸引力的国际化、法治化、便利化营商环境，全面改善重庆产业发展制度环境，激发重庆产业转型发展的内在活力。

一是行政管理体制改革释放制度红利。具有直辖市体制优势的重庆，在放管服等行政管理体制改革过程中，政府层级少、执行能力强和落实政策快等体制优势等能更好地发挥出来，制度红利将得以快速释放，市场活力将得以有效激发，进而为重庆产业转型升级增添新动能。

二是经济制度改革有利于重庆产业转型升级。全面深化国有企业改革和加快民营经济发展，将加快驻重庆的中央企业开展国有资本投资运营试点改革，同时有利于重庆非公有制经济的发展壮大，进而促进重庆产业公平良性发展。

三是全面深化改革有利于重庆产业加快构建创新生态体系。习近平指出："如果说创新是中国发展的新引擎，那么改革就是必不可少的点火器"。全面深化改革能从资金、人才和产学研链条打通等政策供给方面，为企业创新提供相对宽松的环境，从而有效激发社会创造力。如行政审批时间的缩减和收费标准的规范化管理，能有效降低企业的制度性交易成本，让企业能够将更多的时间和资金投入到创新活动中，尤其是在融资难、融资贵的背景下，制度性交易成本的下降，能够为企业的研发创新节省资金，有利于企业主动开展创新活动、提高自主创新能力。

（五）交通区位条件持续改善提供新动力

交通区位条件的持续改善和交通技术的不断提升是区域产业发展的基本动力和基础条件。综合性、网络化交通基础设施将加速区域之间人流、物流、资金流和信息流的传递，大大降低人流、物流的运输成本，有效提升区域资源整合和区域产业运营效率。国家《"十三五"现代综合交通运输体系发展规划》将重庆定位为国际性综合交通枢纽，重庆水陆空立体综合交通运输网络的逐步完善和全面构建，将为全市产业优化升级提供全新动力。

根据《重庆市"十三五"综合交通规划》，"十三五"时期，重庆"一大四小"机场体系将基本形成，门户性复合型航空枢纽功能将显著发挥；"一枢纽十一干线二支线"铁路网络将基本形成，重庆有望成为西部最大的铁路枢纽，实现铁路"4小时周边、8小时出海"目标；"三环十二射多联线"高速公路网络全面建成，对外出口通道持续增加，"4小时重庆"目标全面实现，"一干两支四枢纽九重点"的内河航运体系将全面建成，长江上游航运中心作用将显著发挥；铁公水空多式联运体系将得到进一步完善，综合运输效率将显著提升；此外，未来重庆国省干线等级结构将更加合理，通达能力将进一步提升。这些都为全市产业优化升级提供有力支撑。

二、重庆产业转型升级面临的五大挑战

（一）国际环境日益复杂

一是国际贸易保护主义不断抬头。近年来，随着中国逐步成为世界第二大经济体、第一制造业大国和世界上最大的贸易出口国，中国开始走向世界的舞台中心，特别是2016年英国脱欧、美国特朗普上台以来，国际民粹主义崛起，新的贸易、投资保护主义不断抬头，国际贸易摩擦加剧，而且越演越烈。此外，主要经济体货币政策调整带来的一些外溢效应，以及国际金融市场潜在的动荡等国际环境变化的不确定性和复杂性持续增加，都将可能会导致重庆产业发展的国际市场环境不容乐观，使得全市产业优化升级的潜在风险增大。

二是全球战略性资源的争夺将更加激烈。当前，欧美等发达国家的"再工业化"进程以及新兴国家的加速发展都将进一步加大对能源、矿产、资金等重要战略资源和要素的需求，部分广泛应用于工业基础原材料的矿产资源如铜、铝、锌、镍、铁矿石等市场需求量持续增长，国际地缘政治和冲突归根结底大多是围绕争夺战略性资源而展开的。目前，重庆产业发展对巨大的石油、富铁矿、铜矿、铬铁矿等矿产品和塑料及其制品、橡胶及其制品等大宗原材料进口的依存度较大，在全球战略性资源争夺日益激烈的大环境下，全市产业转型升级发展的资源约束瓶颈日益增强。

（二）国内经济下行压力犹存

一是随着国内经济由高速增长转入高质量发展阶段，中国经济进入调结构、转方式的关键时期，经济增长的动力和结构正逐步调整，新旧动力的转换正在进行之中，新动能尚未有效形成，还难以对冲传统动力下降的影响，结构调整的阵痛继续释放，调结构、去产能将对后续经济稳定增长产生较大压力。同时前期国内经济高速增长过程中积累的结构性问题和社会深层次矛盾集中显现，经济社会稳步发展可能面临难以预料的挑战和风险，重庆产业结构优化升级面临国内经济稳定发展压力加大的挑战。

二是投资、消费持续增长存在很大的不可持续性，给全市产业优化升级带来较大压力。首先，在国际经济复苏缓慢、国内经济下行压力较大的大环境下，传统产业复苏的趋势不明朗，新兴产业仍处于培育初创期，存在较大的技术、政策风险，投资者的观望心态导致重庆制造业的固定资产投资短期内难以稳定回升。其次，随着国内房地产限购政策的持续出台，重庆或将打压不稳的房地产投资，房地产投资回升态势不可持续。最后，重庆基础设施投资已连续多年保持高速增长，投资规模和在全国中的比重大幅上升，未来全市基础设施投资保持高位快速增长的难度越来越大。此外，未来一段时间内全市经济发展面临债务攀升的压力，政府直接投资难以持续增加。

（三）生态建设任务重、责任大

一是重庆肩负着实现绿色发展和保护好长江"母亲河"的双重历史责任。党的十八大以来，生态文明建设纳入中国特色社会主义"五位一体"总体布局，生态环境质量总体改善被列为全面建成小康社会的目标，绿色发展上升为国家发展战略，并成为时代理念和社会共识。同时，习近平总书记多次强调：长江经济带发展要坚定不移走生态优先、绿色发展之路，把修复长江生态环境摆在压倒性位置，共抓大保护，不搞大开发。重庆地处长江上游地区和三峡库区腹地，走绿色发展之路，保护好长江"母亲河"，义不容辞、责任重大。

二是产业绿色化进程中存在不少阻力。首先，从发展阶段看，重庆正处于工业化后期向后工业化阶段的过渡时期，经济增长的潜力依然较大，且重庆经济发展离实际建成西部地区重要增长极和长江上游地区的经济中心还有较大差距，客观上需要保持一个相对较快的增长水平。但目前全市重化工业所占比重仍较大，导致能源消费总量、碳排放总量在短期内的控制难度极大。其次，随着全市产业发展面临的市场竞争压力日益加大，企业生产的重点放在搞好产品质量，满足市场需求，创造更大财富、获取更大的经济利益的基础上，在一定程度上会忽略节能减排和环境污染问题。最后，节能减排等绿色发展的投入见效慢，资金成本回收慢，导致部分企业不愿意投资节能环保和绿色生态设备技术，从而阻碍全市产业转型的升级步伐。

（四）生产要素成本持续上升

经过三十多年的持续高速增长后，我国经济进入"高成本时代"，劳动力、资金、原材料和物流等产业发展的要素成本全面上升，同时企业节能减排成本和交易成本也在持续增加，高成本在一定程度上加大了重庆中小企业生存压力和高消耗、高排放行业的转型升级难度。

一是劳动力成本快速上升。近年来，在劳动人口绝对量逐渐下降、企业负担的员工社保支出明显加大以及人民日益增长的休闲娱乐等闲暇需求导致单个劳动人口的劳动时间减少等因素影响下，重庆劳动力成本出现了快速上升。统计数据显示，重庆城镇非私营单位就业人员平均工资从 2000 年的 8 016 元上升至 2016 年的 65 545 元①，年均上涨 14.0%，显著快于全国平均水平，劳动力成本的过快上涨严重削弱了重庆劳动密集型产业的竞争力。

二是资金成本相对偏高。资金成本偏高是阻碍重庆产业优化升级的重要因素之一。与发达国家相比，2016 年我国一年期贷款基准利率为 4.35%，远高于美国、日本等发达经济体。从国内看，2016 年重庆工业生产者购进价格指数（PPIRM）是 98.4，高于全国 98.0 的平均水平，而 2016 年重庆工业生产者出厂价格（PPI）为 98.6，与全国 98.6 的水平持平，企业盈利状况低于全国水平。此外，重庆企业贷款的中介费、顾问费、评估费和保险费等费用普遍高于东部沿海省市。

三是物流成本持续偏高。近年来，重庆物流成本呈现不断降低的态势，物流成本占地区生产总值的比重由 2010 年的 18.9%降低至 2015 年的 16.5%，但比 2015 年全国平均水平（16.0%）高出 0.5 个百分点，更是远远高于美国、日本等发达国家水平。由于重庆地处西南地区，物流基础设施建设成本高、物

---

① 重庆市统计局，国家统计局重庆调查总队. 重庆统计年鉴 2017 [M]. 北京：中国统计出版社，2017.

流费用高、运输时间长等因素导致全市物流成本长期较高，在一定程度上加大了全市产业企业的生存压力。

（五）区域发展竞争日益加剧

一是在国内外市场需求放缓趋势短期内难以有效缓解，国内传统产业产能过剩和新兴产业发展具有不确定性的大背景下，重庆与周边地区的产业发展政策、发展平台差异性可能会逐渐缩小。同时重庆地处中国内陆西南部，自身开发开放能力、优惠政策力度、要素集聚保障能力以及招商服务意识等方面，与沿海地区尤其是上海、广州和深圳等地区仍存在一定差距。下一阶段在招商引资、产业集聚发展竞争更加激烈的总体环境下，如果不加快构建政策、人才、资金和要素等方面的保障体系，形成自身的开发开放差异化比较优势，将会给重庆产业转型升级带来极大挑战。

二是随着区域交通等基础设施的不断完成，区域间人力、资本、物流、信息等生产要素加速流动的同时，资金、人才、信息等也会加速向发展环境优越、行政效能高的区域聚集。一些发展基础好的地区将会更多地获得加快聚集要素资源的机会，而处于西南内陆地区的重庆如果产业发展特色不鲜明，则要素资源很可能加速外流，从而导致产业转型升级速度缓慢、难度更大。

三是区域互动协作机制欠缺导致区域协同发展缺乏有效引导。首先，在成渝经济区中，目前重庆、成都两座核心城市在产业体系方面存在一定程度的重构和同质化，产业竞争激烈。其次，目前长江经济带、成渝城市群等区域协作机制更大程度上还停留在国家层面，推动地方主动协作的政策引导还不强，区域协作缺乏有效的顶层设计，板块各自为阵的规划体系和利益格局在短期内难以有效改善。这些都将会在一定程度上阻碍重庆产业转型升级发展步伐。

第九章 重庆产业转型升级的方向与路径

当前，世界经济深度调整，全球经济形势和贸易形势复杂多变，需要立足国情，以供给侧结构性改革为主线，切实推动经济发展质量变革、效率变革、动力变革。十九大报告指出，中国特色社会主义进入新时代，我国经济由高速增长阶段向高质量发展阶段转变，我国正处在转变发展方式、优化经济结构、转换增长动力的关键时期。直辖以来，经过了 20 多年的高速增长，重庆已整体进入工业化后期，正向后工业化阶段推进。面临经济从高速增长阶段向高质量发展阶段重大转变的关键期，重庆更需要坚持习近平新时代中国特色社会主义思想，立足新时代的新要求及"两点""两地""两高"① 的发展要求，进一步明确重庆产业转型升级的方向与路径，立足现状和趋势、结合转型升级的重点，进一步推动重庆产业结构的转型升级，最终提升重庆产业的整体竞争力。

一、总体方向

深入贯彻党的十九大精神，深学笃用习近平新时代中国特色社会主义思想，深入落实习近平总书记视察重庆重要讲话精神，全面落实"两点"定位、"两地"、"两高"目标和"四个扎实"要求，坚持创新、协调、绿色、开放、共享发展理念，适应经济发展新常态，全力推进供给侧结构性改革，立足全市产业发展特点，进行产业转型升级的战略谋划和统筹考虑，重点根据产业衰退地区和产业结构单一地区、新兴产业开发地区及贫困农村地区面临的不同问题

---

① 两点：西部大开发的重要战略支点，处在"一带一路"和长江经济带的连接点。两地：内陆开放高地，山清水秀美丽之地。两高：高质量发展、高品质生活。

精准施策，坚持深化改革开放、优化发展环境、激发创新活力为手段，探索推动产业转型升级的有效路径，构建现代产业发展新体系，加快建设质量效益突出、技术创新手段先进、产业布局合理、产业结构优化的国家重要现代制造业基地和新兴产业发展先行示范区，提升重庆产业在西部地区、全国乃至全球的显著竞争力，发展质量不断提升、发展效率不断提高，发展动力不断增强，推动重庆产业向中高端迈进，为如期全面建成小康社会和建设统筹城乡发展的国家中心城市奠定坚实基础。

二、发展原则

重庆产业转型升级的发展原则包括以下四个：

一是坚持供给侧结构性改革为主线，更好适应市场需求变化的原则。坚持市场在资源配置中的决定作用，加快推动供给侧结构性改革，以消费者需求结构的变化为指引，推动产业供给体系优化调整，实现供给结构与需求结构的动态衔接。主动适应国内外市场变化趋势，逐步淘汰落后、衰退产业，重点发展市场需求增长较快、未来发展潜力较大的新兴产业。

二是坚持生态优先、绿色发展，更好保护生态环境的原则。坚决贯彻"共抓大保护、不搞大开发"的战略导向，把修复长江生态环境摆在压倒性位置，推动产业绿色化转型，建立健全绿色低碳循环发展经济体系，筑牢长江上游重要生态屏障。鼓励采用清洁、绿色生产方式，积极发展再制造和循环经济，大幅减少资源能源消耗较多的低端环节，促进传统产业向消耗较少资源能源的产业链高端升级。

三是坚持技术进步自主创新，更好提高劳动生产率的原则。通过技术创新和自主研发，掌握行业核心标准和关键技术，引领技术进步的方向。[①] 加快突破以大数据智能化为主导的新一代信息技术，大力加强自主创新能力，进一步提高劳动生产率，提升产业发展质量。

四是坚持优化布局集群发展，更好提升产业附加价值的原则。遵循产业发展规律，切实加强规划引导，统筹好、引导好、发挥好各区县（自治县）积极性，明确主导产业和发展路径，促进同类企业、产业链上下游企业、制造企

---

① 杜朝晖. 经济新常态下我国传统产业转型升级的原则与路径 [J]. 经济纵横，2017（5）：63.

业与生产性服务企业空间布局优化，实现集群化发展。利用不同产业之间的技术融合和产业关联，进行产品价值链升级和产业链延伸，创造更多的附加价值。

三、发展路径

如第五章所述，在整体竞争力上，重庆产业发展仍存在结构不够优、协同不够高、创新不够强等诸多短板。需要找准问题，敢于变革，在变革中创新，在创新中进步。

从总体路径看，重庆产业转型升级应夯实"创新引领、人才优先、质量为本、城乡并进"四个基础路径，促进产业向智能、开放、融合、绿色、高端发展方向靠近，不断丰富重庆产业价值链，加快构建现代产业发展新体系，促进重庆产业向高端进发，提升重庆产业的整体竞争力。

从重点路径看，则依据四大片区的大框架，主要按照产业衰退和结构单一地区、新兴产业开发区域、农村贫困地区三大类型，对产业转型升级路径进行逐一探讨。

（一）总体路径：夯实四个基础、瞄准五个方向

1. 夯实四个基础

（1）创新引领：实现从依靠资源要素到自主创新的转变。

习近平总书记在党的十九大报告中提出，创新是引领发展的第一动力，是建设现代化经济体系的战略支撑。当前，产业发展越来越取决于科技创新能力，自主创新日益成为产业发展的核心驱动力和推动产业转型升级的主导力量。总体来看，重庆创新发展能力依然较弱，创新要素集聚不足，科技创新对经济社会发展的贡献率偏低，经济发展方式相对粗放，产业处于全球价值链的中低端。必须通过实施创新驱动发展，大力提高自主创新能力，推动经济发展由主要依靠物质资源消耗向创新驱动转变。

（2）人才优先：实现从科技人才洼地到人才高地的转变。

党的十九大报告指出，人才是实现民族振兴、赢得国际竞争主动的战略资源。2018年3月，习近平总书记在参加全国人大广东代表团审议时进一步强调：人才是第一资源。重庆地处西南，没有区域优势，缺乏资源和人才优势。

与北京、上海等直辖市以及东部发达地区相比，战略性新兴产业发展所需的高端人才十分匮乏。因此，要牢固树立"人才是第一资源"的理念，紧盯高端，瞄准一流，高起点推进人才优先发展和"人才强市"战略，营造高端人才汇聚、科技创新活跃的良好环境，通过引才、育才、用才"三才并举"，变人才洼地为人才高地。

（3）质量为本：实现从产能规模扩张到价值链高端的转变。

高质量发展的根基在实体，支撑在产业。产业转型升级必须以质量为根本。目前，重庆"6+1"工业支柱产业中，电子信息和汽车、摩托车已初具产业集群雏形，装备制造、综合化工、冶金材料三大产业领域具备形成产业集群的潜力。近年来，笔记本电脑产量保持全球三分之一，汽车产量占全国八分之一，形成了较强的规模优势。不过，要形成产业核心竞争力和具有自主知识产权的名牌产品，还有很长的路要走。未来要从规模扩张的外延式发展向以质量提升为核心的内涵式发展转变。夯实质量发展基础，优化质量发展环境，努力实现产业发展质量大幅提升。

（4）城乡并进：实现从城市主战场到城乡产业并进的转变。

长期以来，国民经济发展的主战场在工业上，工业发展的主战场则在城市。事实上，无论城市地区还是农村地区都面临着产业转型升级的问题。只有城乡并进，才彰显全面效能。随着乡村振兴战略的实施，农村地区将成为我国经济复苏和下一轮经济增长的主战场。重庆是大城市、大农村、大山区、大库区并存地区，城乡和区域发展差距大、资源要素配置不均衡，约占总人口36%的农村地区面临着脱贫攻坚和产业振兴两大重任。重庆的产业发展要从城市主战场到城乡并进转变，坚持农业现代化与新型城镇化协调并进，以大数据智能化引领城乡产业创新发展，实现城乡产业的互动发展。

2. 瞄准五个方向

（1）智能发展。

大力实施以大数据智能化为引领的创新驱动发展战略行动计划，通过"互联网+""人工智能+"促进产业升级，大力发展智能产业，加快推动"重庆制造"向"重庆智造"转型。积极拥抱数字革命，大力发展数字经济，运用互联网、大数据、人工智能等现代技术，推动生产、管理和营销模式变革，实现从用户需求端到产品供给端全链条的智慧化。

（2）开放发展。

深度融入"一带一路"和长江经济带发展，全力推动内陆开放高地建设。树立全球化的战略思维，准确把握国际产业发展新趋势，加强产业国际深度合作，培育和强化新的竞争优势，大力提升"走出去"的层次，全球范围配置资源、组织要素，建立跨国生产和营销网络，在开放合作中不断提升重庆企业的创新能力和全球竞争力。

（3）融合发展。

以规划为引领，避免片区（区县）之间产业结构雷同化、促进片区之间产业融合发展。完善产业链条，加强产业集群优化布局和资源互补，打造出具有创新能力强、关联度大、辐射带动广的若干优势产业集群。大力发展以信息化、网络化、智能化为依托的产业跨界融合，加快促进新技术和新兴产业交叉渗透融合，形成多元化融合、多层次融合、多形式融合、多渠道融合的新模式。

（4）绿色发展。

以建设山清水秀美丽之地为目标，着力推动产业生态化、生态产业化。把"绿色发展"理念融入产业转型升级全过程和各个环节中，加快淘汰落后产能，发展绿色低碳循环经济，大力促进农业生态化、工业低碳化、服务业环保化，建立涵盖第一、第二、第三产业各个领域的生态经济体系。

（5）高端发展。

着力推动传统产业以价值重构为核心的升级模式，运用新技术、新管理、新模式，改造提升传统产业，推进传统产业高端转型。聚集战略性新兴产业，加快提高自主创新能力，突破一批核心、关键以及共性技术，带动整个产业转型升级。大力发展高端产品、高端要素、高端服务、高端平台等，全力推动产业链和价值链由低端环节向高端环节深化延伸，实现产业的高端化发展。

（二）重点路径：按照四大片区、三大类型地区分类发展

目前，全市划分为主城片区、渝西片区、渝东北片区、渝东南片区四大片区，不同的片区发展重点不同，存在的问题也有差异，发展应因地制宜、各有侧重、突出特色、精准施策。基于前文对重庆产业发展的突出问题的分析，本章主要在四大片区的大框架下，按照产业衰退和结构单一地区、新兴产业开发区域、农村贫困地区三大类型，对产业转型升级路径进行逐一探讨。

重庆产业转型升级研究

1. 产业衰退及单一结构地区的产业转型升级路径

第六章、第七章重点分析了产业衰退地区和产业结构单一地区的现状及问题。概括来说，产业衰退和单一结构地区主要分布在传统的老工业城市和资源型城市，包括前文识别出的巫山县、奉节县、秀山县等。这类地区的产业转型路径主要是淘汰落后产能，改造传统产业，加快发展新兴的接续替代产业。

此类地区转型模式主要分为三种：产业延伸模式、产业更新模式和复合模式①。产业延伸模式就是以原有产业为基础，向其产业链的上游或者下游发展，延长产品链条，以达到增加产品附加值的目的；产业更新模式就是放弃原有的资源型产业，转而发展其他产业的模式；复合模式就是兼有产业延伸和产业更新两种模式，对原有产业链进行延伸的同时，协同发展其他产业，形成多种产业并举的局势，使城市对资源型产业的依赖性逐渐变小，最终摆脱对资源的依赖。

接续产业的选择方向主要包括农业、工业和第三产业。各老工业城市和资源型城市应该坚持因地制宜的原则，根据自身的具体条件，结合三大产业的特点选择合适的产业作为转入行业。我们认为，产业转型升级应按照"老字号""原字号""新字号"分类施策。

（1）巩固优势，改造升级"老字号"。

改造升级电子信息、汽车、装备制造、综合化工、能源等传统优势老产业，在巩固产业总量的同时，通过淘汰过剩及落后产能、产业技术改造升级、强化新产品研发等手段，不断提升产业质量和效益。找准产业发展与市场需求的契合点、深挖产业发展内生动力，加大产业下游产业链的延伸发展，将"老"字号产业做精、做强、做大。

专栏 9-1　长寿区传统产业走向循环经济

长寿区是重庆的工业重镇，"化工城、钢铁城，重工业城市"是长寿区给外界的一贯印象。党的十八大以来，在创新、协调、绿色、开放、共享的发展理念指引下，长寿区以化工、钢铁等传统优势产业为重点，积极构建循环经济体系，大力发展下游产业，实现产业纵向延伸、横向耦合，走出了一条传统产业绿色发展的道路。

在园区层面，长寿经开区中法水务污水厂是实现绿色循环发展的主要载体

---

① 高辉清. 产业延伸更新是资源城市转型的最佳模式［N］. 上海证券报，2014-03-26（4）.

之一。在中法水务的污水厂内，设置了进水井、沉砂池、活性炭吸附系统等，共通过五道工序将污水标准化处理后再排放。污水经达标处理后被用于经开区入驻企业的工业、园林、市政等非饮用水领域。通过大力实施中水回用，在企业内部实现水资源小循环，在园区内部实现水资源大循环，降低了单位生产总值取水量，提高了水资源循环利用率。

在企业层面，作为传统重化工企业的中国石化集团四川维尼纶厂（以下简称"川维厂"），正在积极延伸产业链条，开发天然气化工的下游产品，通过PVA（聚乙烯醇）可熔融加工技术、PVB（聚乙烯醇缩丁醛）树脂及薄膜技术、以及EVOH（乙烯/乙烯醇共聚物）产品技术开发应用等，进一步降低污染物排放，实现绿色循环发展。川维厂是涪陵页岩气开发的主要使用方，经过不断研发试验，目前可以将1元成本的页岩气，做到超过5元的附加值。

目前，长寿正结合自身发展基础和产业特色，着力构建天然气化工、化工新材料、氯碱化工、钢铁冶金、特色副产物、产业废弃物6大循环经济产业链，并从企业小循环、园区中循环、社会大循环三个层面构建循环经济体系，提高整个园区的产业关联度和循环经济效益。

资料来源：老工业城咋上新台阶？看长寿精彩三变［EB/OL］．（2017-8-21）．http://e.chinacqsb.com/html/2017-08/21/content_579779.htm.

（2）延伸链条，深度开发"原字号"。

深度开发奉节脐橙、城口老腊肉、秀山土鸡等传统特色产业，推动产业链条向下游延伸，推进以智能化、绿色化、服务化、信息化为重点的传统产业技术改造，提升技术工艺、产品品质，鼓励传统优势产业开发新产品、开拓新市场。

专栏9-2　奉节脐橙产业提质增效

诗与橙是奉节的两大城市名片，其代表的是奉节文旅融合的旅游产业和以奉节脐橙为代表的现代农业。脐橙是奉节县的特色产业，其在地方经济发展与民众生活水平改善方面发挥着龙头作用。近年来奉节高度重视脐橙产业发展，实施脐橙提质增效工程，坚持走"精准发展、精心管护、精深加工、精品营销"的"四精"产业发展之路，形成完整的产业链条，实现了产业的融合增值。

2017年奉节脐橙产业实现"五增"：一是面积增大，脐橙总面积达到

32.04 万亩（约 213.6 平方千米），同比增长 6.8%。二是产量增长，总产量突破 30 万吨，同比增长 25%。三是品质增优，脐橙优质果率达到 70%，同比提高 5%。四是产值增加，脐橙综合产值达到 20.01 亿元，同比增长 33.3%。五是品牌增值，"奉节脐橙"品牌先后荣获重庆直辖 20 年十大特产名片、2017 中国百强农产品区域公用品牌、2017 中国果业扶贫突出贡献奖、中国十大杰出品牌营销奖，品牌价值达到 25.62 亿元，增长 21.3%，位居全国橙类第一名。

资料来源：①奉节做"精"脐橙产业 绿色生态出效益［EB/OL］．（2018 -5-18）．http://app.cqrb.cn/topics/2018gwcjjjd/2018-05-18/34515.html.②奉节脐橙产业 2017 年实现"五增"［EB/OL］．（2017-11-29）．http://say. cqnews.net/html/2017-11/29/content_43373368.htm.

（3）瞄准趋势，培育壮大"新字号"。

立足自身产业基础，积极创造发展条件，紧密跟踪国家产业政策导向，把握产业变革方向，以"中国制造 2025""互联网+"行动计划等为指引，在电子核心部件、新能源汽车及智能汽车、机器人及智能装备、页岩气等产业战略性新兴产业领域大做文章，推动特色效益农业、生态工业和文化旅游业向高质量发展，通过引导老工业城市和资源型城市产业转型、引领并培育战略新兴产业发展等多管齐下，拓展新兴产业增长空间，形成新的经济增长点。

专栏 9-3　永川区加快发展智能制造产业

永川区曾是重庆市的煤炭、钢铁产业大区，产能落后、结构不优问题比较突出。近年来，永川区深入推进供给侧结构性改革，通过大力引进智能制造龙头企业、加快完善配套扶持政策等途径，走出了一条发展新兴智能制造产业的道路。

"十三五"以来，永川区瞄准机器换人、机床换代的产业发展大趋势，着力培育新兴智能制造产业，先后引进埃马克、利勃海尔、SW 等德国高端数控机床企业，2017 年数控机床销量占重庆全市总销量的 1/3 左右。

重庆固高科技长江研究院于 2015 年 12 月在重庆揭牌，并与 7 家关联企业一起正式落户永川凤凰湖工业园，标志着重庆拥有了机器人及智能制造装备产业发展根据地。从此，永川机器人及智能制造装备企业数量已经突破 100 家，占到全市的 2/3 左右。

德国机床巨头埃马克更在永川获得了一次惊喜：2016 年 7 月，埃马克（重庆）机械有限公司试生产，当时预计 2017 年产值为 7 000 万元，没想到机床销售火热，全年产值达 2.67 亿元，实现了良好开局。

在支持政策上，永川区出台了《关于加快以高端数控机床为主导的智能制造装备产业集群发展的意见》，制定了支持企业来永川投资、鼓励企业加快发展、降低企业物流成本、降低企业用工成本、降低企业融资成本、降低企业税赋、积极争取上级政府支持政策、鼓励企业加大研发投入、鼓励研发机构升级发展、帮助企业拓宽市场、鼓励企业开展培训、引进高管革新人才政策 12 条支持政策。规划到 2020 年将形成 200 亿元智能制造装备产业集群规模，不断推动永川产业转型升级。

资料来源：①永川加快智能制造装备产业集群发展 [EB/OL]. (2018-5-5). http://cq.qq.com/a/20180505/003429.htm.②重庆固高科技长江研究院落户永川 [EB/OL]. (2015-12-27). http://news.yongchuan.cn/newsshow-26083.html.

2. 新兴产业开发区域的产业转型升级路径

新兴产业开发区主要分布在主城片区和渝西片区，特别是两江新区、自主创新示范区、自由贸易试验区具有得天独厚的政策、机制、开放和人才优势，是全市战略性新兴产业的主要布局地，应该作为产业向中高端迈进、经济向高质量发展的排头兵，在重庆产业转型升级中将发挥重要的示范和引领作用。该类地区的产业转型升级主要路径是完善产业链条，提升产业价值，向高端化、智能化、全球化迈进。

（1）突出高端产业集聚，向价值链高端迈进。

《"十三五"国家战略性新兴产业发展规划》明确指出进一步发展壮大新一代信息技术、高端装备、新材料、生物、新能源汽车、新能源、节能环保、数字创意等战略性新兴产业，并提出要壮大一批世界级战略性新兴产业发展集聚区。① 这为重庆新兴产业转型升级指明了方向。

重庆新兴产业开发区域，要加快引进培育集成电路、新型显示、机器人及智能装备、新材料、节能环保、生物医药、新能源汽车及智能汽车、高端交通装备等新兴产业集群。大力发展新兴金融服务业、离岸服务外包、大健康服务

---

① 国务院关于印发"十三五"国家战略性新兴产业发展规划的通知 [EB/OL]. (2016-12-19). http://www.gov.cn/zhengce/content/2016-12/19/content_5150090.htm.

业、国际物流及城乡配送、互联网、云计算、大数据等产业。加快推进优势产业和重点企业的链条向深度和广度延伸，完善上中下游产品体系。大力发展前景好、容量大、效益高的新产业、新技术、新业态、新模式，打造一批战略性新兴产业集聚区，加快形成规模效应，全面提升战略性新兴产业对产业转型升级的支撑引领作用。

（2）突出自主创新能力，提升全要素生产率。

在经济新常态下，继续依靠资本和劳动要素投入推动经济增长的方式已经成为过去式，提高全要素生产率是可持续发展的增长动力。提高全要素生产率通常有两种途径，一是通过技术进步实现生产效率的提高，一是通过生产要素的重新组合实现配置效率的提高，主要表现为在生产要素投入之外，通过技术进步、体制优化、组织管理改善等无形要素推动经济增长的作用。①

机器人等战略性新兴产业是推动产业结构升级、实现提质增效的重要依托，是提高全要素生产率、扩大有效供给的重要基础。新兴产业开发区域，要坚持科技创新，加快提升自主创新能力，通过内涵式创新发展，全面提升全要素生产率，为产业转型升级注入新动力。

（3）突出开放高地建设，增强全球竞争优势。

深化改革、扩大开放是提高产业全球竞争力的必由之路。包括两江新区在内的新兴产业开放区域，也是重庆建设内陆开放高地的核心区域，具有产业向国际化转型发展的有利条件。

要充分发挥重庆位于"一带一路"和长江经济带的连接点、西部大开发的重要战略支点的作用，加快构建覆盖铁、公、水、空多种运输方式的国际物流运输体系。通过设立开放实验室、产业创新联盟、创新孵化器、集成创新网络等多种模式，加强与国际大企业、研究机构和大学之间的战略合作。依托开放平台资源，集聚贸易新业态、新模式，促进实体经济发展及投资贸易便利，推动金融改革创新，推动旅游产业跨界融合发展等。

3. 农村贫困地区的产业转型与升级路径

当前，农村贫困地区是全面建成小康社会的最突出的短板，也是产业发展的最薄弱的环节。重庆农村地域广阔，人口众多，农村贫困人口主要分布在秦巴山、武陵山连片特困地区。截至 2018 年 4 月，全市还有 9 个国家级贫困县，

---

① 蔡昉. 全要素生产率是新常态经济增长动力［EB/OL］.（2015－11－25）. http://news.cqnews. net/html/2015－11/25/content_35840964. htm.

18个深度贫困乡镇，226个建档立卡贫困村，22.5万贫困人口，全市贫困发生率1.1%。①产业扶贫是精准扶贫的重要途径之一，但广大农村贫困地区各产业多是"小而散"的组织形式，农业现代化进程较为缓慢，产业转型升级任重道远。

（1）以精准脱贫为主线，强化农村产业支撑平台。

精准脱贫关键在产业支撑，要以促进富民增收为目标，大力发展具有当地特色的种养殖业、生态旅游业等，着力构建贫困户增收长效机制，在实现贫困群众增收的同时促进产业的转型升级，确保真扶贫、真脱贫。要坚持绿色发展理念，发展特色效益农业，推动产业转型升级，成为经济转型新的生长点。要依托丰富旅游资源，大力发展乡村旅游，打造经济增长的新引擎。

各区县、乡镇、村社应根据自身的资源禀赋和区位优势，因地制宜，加快培育区域发展的支柱产业，推动实现"一镇（乡）一业""一村一品"产业格局。要培育和扶持地方优势特色产业的龙头企业，发挥龙头企业的辐射带动效应，探索实施"公司＋基地＋农户""公司＋农户＋电商"等不同的发展模式，促进产业结构升级，提高整体的生产适应能力和抵御风险的能力。

（2）以乡村振兴为目标，构建现代农业发展体系。

实施乡村振兴战略，是党的十九大作出的重大决策部署，是决胜全面建成小康社会、全面建设社会主义现代化国家的重大历史任务，是新时代做好"三农"工作的总抓手。乡村产业振兴是乡村振兴战略的重要组成部分。产业振兴的目标是加快构建现代农业产业体系、生产体系、经营体系，推进农业由增产导向转向提质导向。

构建现代农业产业体系，主要路径是大力实施农业结构调整，促进种植业、林业、畜牧业、农产品加工流通业、农业服务业转型升级和融合发展，打造农业全产业链。要着力增强农业产业功能，在"三链"上下功夫：产业链延长、价值链提升、利益链完善，在增收上下力气：通过保底分红、股份合作、利润返还等多种形式，让农民合理分享全产业链增值收益。

（3）以城乡并进为手段，促进产业创新融合发展。

农村产业振兴并不局限在农村，其发展环境不是封闭的。新的历史条件下，乡村振兴必须走开放、合作之路，要积极整合城乡双重资源，激活农村资

①　重庆贫困人口降至22.5万人 贫困发生率降幅明显［EB/OL］.（2018-4-15）. http://app.cqrb.cn/economic/2018-04-15/28748.html.

重庆产业转型升级研究

源，吸引城市资源，形成资源合力。需要注意的是，城乡融合并非统筹城乡条件下的发展资源数量的简单分配过程，也不是乡对城的被动式的资源接受。实现互利共赢是乡村振兴战略的基本要求，因此，要积极构建城乡一体化融合新机制，不管是要素融合、产业融合还是空间融合都要有利于城乡协调发展①。

要以城乡产业并进为手段，加快构建农村一二三产业融合发展体系。加快农产品加工业提升步伐，坚持集群化发展、价值链整合，支持主产区农产品就地加工转化增值，打造农产品销售公共服务平台，深入实施电子商务进农村综合示范，加快推进农村流通现代化。实施田园综合体和乡村旅游示范工程，建设一批设施完备、功能多样的田园综合体、乡村旅游示范区，培育休闲农业、乡村旅游、生态康养等新兴业态，大力促进农村产业融合发展，实现转型升级。

---

① 郭晓鸣. 关于实施乡村振兴战略的若干思考［EB/OL］.（2017-12-9）. https://www.sohu.com/a/209404423_774978.

第十章 对策建议和保障措施

重庆市集大城市、大农村、大山区、大库区于一体，尤其是武陵山片区和三峡库区片区等产业衰退地区和单一结构地区，既面临着经济高质量发展的艰巨任务，又肩负着生态保护和环境治理、精准脱贫和民生保障的重大责任。因此，在推进全市产业转型升级的发展过程中，应全局谋划、因地制宜、精准施策，坚持"五位一体"总体布局、"四个全面"战略布局，按照创新、协调、绿色、开放、共享的理念，共同推进经济发展、产业转型、民生保障、生态保护等齐头并进，力争同步全面建成小康社会。

本章主要根据新时代中国特色社会主义的总要求，以党的十九大精神为指导，按照"内陆开放高地、山清水秀美丽之地"的"两地"和"高质量发展、高品质生活"的"两高"目标要求，立足新时代特征，依据重庆产业转型升级的总体思路和路径，从规划引领、政策导向、开放合作、营商环境等十个方面提出相应的对策性建议，为推动重庆产业转型升级和可持续发展，加快培育发展重庆经济新动能，建设现代化经济体系，使重庆经济由高速增长阶段转向高质量发展阶段等提供相关对策性建议和保障性措施。

一、加强产业发展规划引领

以习近平新时代中国特色社会主义理论为指导，切实理解和把握经济发展由高速增长向高质量发展的阶段性特征，牢固树立并贯彻落实创新、协调、绿色、开放、共享的发展理念，以供给侧结构性改革为主线，转变传统发展观念，以更加开放、更加创新、更加包容的发展心态和理念，不断提升重庆产业的发展活力、内生动力和竞争力，进一步推动重庆产业整体转型升级，力争在变中求新、变中求进、变中求变，努力走出一条质量效益型的发展新路，最终推动经济高质量发展。

一是制定和完善相应的产业转型升级规划。首先，立足新时代经济高质量发展的总体要求，结合供给侧结构性改革的推进及各领域改革的深入推进，在全市经济社会整体规划和战略发展的基础上，按照产业发展的规律和阶段性理论，立足重庆经济发展阶段性特征和基础，出台重庆产业转型升级整体规划，同时结合不同阶段的发展需求，可以五年规划为阶段，适时调整优化出台相应的产业转型升级五年规划，从面上和点上指导全市产业转型升级。其次，对产业衰退和产业结构单一地区制定具体的特殊产业类型地区产业转型升级规划。区域主导产业的有序更替是推动区域经济健康可持续发展的本质特征，长远来看，重振特殊产业类型地区经济的根本出路在于培育新兴和接替主导产业。针对三峡库区、武陵山地区产业结构单一和产业衰退地区的产业发展特征，制定相应的特殊类型地区产业振兴规划和配套的法规和政策，重点在调整衰退产业、扶持新兴产业、培育接替性主导产业、培育产业结构的多元化和高度化、设立相应的特殊类型地区产业振兴组织架构和支持体系等方面进行提前谋划。

二是制定绿色产业引领发展规划。充分立足"一带一路"、长江经济带发展平台，以及成渝城市群、渝黔合作区建设等机遇，牢固树立绿水青山就是金山银山的理念，转变传统发展观念，坚持生态优先、绿色发展，以规划为引领，走出一条以创新为引领的绿色产业转型升级之路。制定特殊产业类型（产业结构单一、产业衰退）地区绿色产业引领发展规划，充分利用重庆尤其是渝东北片区、渝东南片区生态环境和旅游资源较为丰富的基础，在规划中重点谋划包括以优势资源深加工为主导，以集群化发展为路径，大力发展低碳循环生态绿色工业；加大传统产业技术改造力度，加大特色效益农业发展，提升农产品开发加工水平和产业链；充分立足既有资源和优势，系统性推动全域旅游高质量高品质发展等，在规划中充分体现兼顾经济发展眼前利益与生态保护长远利益的平衡。

二、完善产业鼓励和扶持政策

以八项行动计划为引领和支撑，针对产业发展基础不同的片区和区域出台不同的支持性政策，以政策为导向加快不同地区的产业转型升级步伐。

一是针对产业发展基础较好地区制定和完善相应的产业鼓励性政策。针对主城片区、渝西片区等产业发展基础较好的片区，重点立足重庆八项行动计划的科教兴市和人才强市战略行动计划、军民融合发展战略行动计划、创新驱动发展战略行动计划、内陆开放高地战略行动计划等的要求和具体支撑，进一步出台相关产业升级鼓励性政策。具体可包括进一步引导企业设立研发中心并研究优化研发费用加计扣除等政策以提升产业创新力、进一步制定引导企业走出去政策以提升产业影响力、进一步制定引导企业尤其是国有企业做强做优做大政策以促进产业竞争力的整体提升、进一步制定引导主城片区和渝西片区在区块产业链上带动渝东北片区和渝东南片区发展政策等。重点在提高专利产品与知识产权的保护力度、激励研发能力不足的企业引进国内外先进技术、大量引进与产业技术相关的优秀人才、发挥产业内龙头企业的辐射作用、提高创新和技术资源的共享率等方面实现突破，力争在战略性新兴制造业、战略性新兴服务业、高新技术产业、大数据智能化装备制造业等方面带动全市产业创新和转型升级。

二是针对产业衰退和产业结构单一地区制定和完善相应的具有引导性和造血性的政策。针对渝东北片区、渝东南片区尤其是产业结构较为单一和产业衰退的地区，重点立足重庆八项行动计划的基础设施建设行动，提升战略行动计划、乡村振兴战略行动计划、生态优先绿色发展战略行动计划、保障和改善民生战略行动计划等的要求和具体支撑，进一步出台相关产业转型升级的引导性和扶持性政策。充分借鉴西欧、日本、美国等发达国家和地区在援助、改造和振兴资源枯竭、产业衰退地区的好的经验和做法，进一步优化政策制定机制，加快政府职能进一步向服务型转变，提高政府扶持政策的长远性和适用性。

第一，优化产业衰退地区和产业结构单一地区产业政策制定机制。应进一步优化以上地区的产业政策制定机制，建立由政府部门和第三方（产业部门、企业、研究机构等）共同组成的产业扶持政策制定体系和流程，让政策既有助于改善当前产业结构单一和衰退的境况又能兼顾长远，逐步培育起适合当地发展的主导型特色产业，改变产业政策只扶植当下主导产业的传统思维，建立起长远的产业发展体系。

第二，改变传统的补贴和输血式产业扶持政策向引导式和造血式产业扶持政策转变。一味地扶持补贴和输血不能从根本上解决产业结构单一和产业衰退地区的产业发展问题，应进一步采用多元化的手段，从财政资金的撬动、产业基金的引导、市场环境的优化、发展理念的改变、创新能力和技术手段的改进等方面，进一步引导以上特殊地区的产业转型和升级。

第三，结合产业衰退和产业结构单一地区的实际情况，有侧重地制定重点政策。立足渝东北片区和渝东南片区丰富的旅游资源、农业资源、生态资源、水利资源等，坚持"生态优先、绿色发展"，以"绿水青山就是金山银山"理论为指导，在进一步培育生态绿色工业、大力推动全域旅游发展、多渠道发展现代特色效益农业等方面出台更具有引导性的政策举措，培育新兴和接替产业，带动以上地区产业的转型升级和优化，重点在推动一二三产融合、推动"互联网+"、推动"资源+"、生态补偿、人才引进和产业扶持等方面取得重点性突破。

三、积极培育外向型创新型产业经济

抓住"一带一路"、西部大开发、长江经济带建设机遇，以《内陆开放高地建设行动计划（2018—2020）》为引领，坚持"引进来"和"走出去"并重，在开放下求改革、在开放下求合作，积极培育外向型产业和经济，做强重庆产业发展根基、做大重庆产业的影响力、提升重庆产业的整体竞争力，推动形成全面开放新格局。

一是准确找寻自身产业发展定位，抓住改革开放新机遇，构建外向型、创新型产业体系。重庆应进一步在"一带一路"和长江经济带发展中准确找寻自身定位和优势，抓住机遇构建外向型的产业体系，更多参与相关的区域性合作，利用西部地区对外开放重要窗口的地位，为产业转型升级创造更多机遇。与此同时，充分把握当前国际贸易形势，与国际国内市场需求进行高质量对接，引导资金流向新兴产业和主导产业，在更广阔的平台上实现资源的优化配置，加速技术向成果转化的效率，为产业转型升级奠定基础和支撑。

二是促进市内外的产业转型升级对口发展。国务院办公厅印发的《东北地区与东部地区部分省市对口合作工作方案》中提出，组织东北地区与东部地区有关省市开展对口合作，重点引导对口合作省（市）在推进机制体制创新、加快产业结构调整、提升创新创业水平和搭建合作平台载体四个方面开展合作交流。建议重庆市效仿国家办法，可在市内外开展相应的对口合作，包括组织主城片区、渝西片区的有关区县与武陵山区、三峡库区相关产业衰退和产业结构单一的区县进行对口合作和对口发展，尤其是在产业形态的打造、龙头企业的引进和先进人才的支援等方面，进行一定程度的共同探索。同时，对外方面，充分与东部发达省（市、区）进行产业性发展对接，借鉴其产业成功转型升级的经验，助推重庆地区产业的转型升级。

三是重庆借助开放平台带动产业转型升级的步伐。充分借助两江新区、中国（重庆）自贸区及中新（重庆）互联互通示范项目等开放平台的集聚作用，加快提升其对区域和产业改革开放的引领作用。不断优化重大开放平台在引进高新技术产业、新兴产业方面的落地、资金、人才、土地等方面的优惠政策，从引领示范的层面助推全市产业发展，提高档次和质量。完善各类重大平台间的互联互通效应和统筹协调体系，推动实现项目共享、项目合作、人才共建、技术共创等有利于产业发展的改革开放格局，着力引进跨国企业尤其世界500强企业，推动国际国内合作，提升产业的综合竞争力。

四、加快产业转型升级的基础设施建设

从国际经验看，欧盟将改善交通基础设施作为减少欧盟内部区域和社会差异的重要政策工具，德国曾拨款用于改善鲁尔区的交通、通信等基础设施，以优化投资环境吸引国外投资，为产业的振兴奠定了重要基础和支撑。基础设施是一国和地区经济和产业发展的重要连接锁，完善的基础设施能加速一国和地区在资源流动、产业联动、信息流动等方面的便利性，从而加速一国和地区的产业转型升级和发展。

一是强化重庆国际性综合交通枢纽功能，为产业发展带来更多的区位、交通等后发优势。不断构建和完善"Y"字形国际大通道和国内大通道，进一步畅通出海大通道、长江黄金水道、南向通道、渝新欧国际铁路联运大通道、江北国际航空枢纽等。利用以上通道和枢纽，不断推动口岸经济、临空经济、临港经济、高铁经济等多维度、多立体发展，为产业发展牵线搭桥，助推产业业态的不断创新和融合，加大产业的对外影响力和竞争力。

二是高度重视和大力支持产业衰退和单一结构地区、农村贫困地区的基础设施建设。从重庆现有的产业衰退和单一结构地区和农村贫困地区看，多数处在渝东北片区、渝东南片区，这两大片区经济和产业发展的突出瓶颈则表现在交通等基础设施落后、整体配套较差等方面，缺乏好的区位和交通，无疑进一

步制约了这些地区的进一步发展。建议在 G69 银百等高速公路重庆段、郑万高铁等高速铁路以及武陵山等通用机场建设等方面，优先在以上地区进行考虑和规划，并给予政策和资金支持。同时，将以上地区融入全国交通网络大通道，逐步解决交通瓶颈制约，为产业转型升级提供良好的外部交通环境。

三是加快产业平台的系统性和提前谋划。根据产业转型升级整体规划，进一步优化园区尤其是工业园区的产业布局，充分考虑组团产业基础、资源禀赋、环境容量等优势，强化组团间产业联动协作发展，推进循环经济产业园区建设，提升产业承载能力，培育壮大产业集群，延伸产业链等。

五、深化"放管服"，优化营商环境

深化"放管服"改革，为市场营造良好的营商环境是推动经济发展和产业转型升级的长远之道。当前，需要进一步加快服务型政府的打造，切实做好政府的兜底服务功能，确保市场机制运行的稳定性，为产业转型升级奠定良好的市场营商环境。

一是进一步降低企业制度性成本。加大力度规范行政审批、涉企收费和中介服务事项，改善企业发展环境，如制定部分保证金缴纳上限，缩短保证金返还时限，减少企业资金占用，进一步明确项目竣工后预售资金返还时间，按照李克强总理在十三届全国人大一次会议中外记者会上提出的"六个一"要求（企业开办时间再减少一半、项目审批时间再砍掉一半、政务服务一网办通、企业和群众办事力争只进一扇门、最多跑一次、凡是没有法律法规规定的证明一律取消），进一步缩短企业开办时间、工程项目审批时间，放宽市场准入限制、提高政府服务效能，为市场进一步提供便利，加快新鲜血液和主体进入市场中，促进产业的创新、更替和发展。同时，重点健全支持民营经济发展的服务体系和政策体系，切实发挥政策对民营经济的引导、鼓励和帮扶作用，切实促进政策落地、落实、落好，提高政策的执行力。

二是重视创造良好的发展环境，进一步做好融资服务工作。把握正确的投资方向和具有发展潜力的投资领域，适度、持续加大投资力度，积极引导投资投向科技创新等关键领域和处在成长期、扩张期的高新技术企业，培育经济新增量。切实引导政府部门和银行机构，重点针对高新技术等战略性新兴行业领域企业的经营特点和融资需求，合理调整政策细则，加强金融支持服务力度，适度优化政策标准要求，创新金融服务产品，支持利用多层次资本市场进行直接融资。同时，进一步打造宜居宜业的良好环境，提供更加完善的多层次的教育、医疗、卫生等公共服务。

六、切实发挥资金引领和保障作用

充分发挥财政资金的引领和社会资本撬动作用，引导更多社会资金投入新兴和扶持产业领域，带动产业转型升级，同时设立相应的产业引导基金，重点对产业衰退及单一结构地区、农村贫困地区的产业发展进行支持和引导，促进这类地区的产业转型和振兴。

一是建立倾斜性的财税政策。立足全市产业转型升级整体规划，以该阶段培育扶持的新兴产业和主导产业为重点，建立相应的倾斜性财税政策，引导市内外资本和企业向这些地区进行产业集聚，进而带动整个产业体系的转型升级。同时，参考相关国家和地区在以上地区的产业转型升级经验，为以上地区产业转型升级提供相应的财税优惠政策，带动其产业的升级发展和振兴。如参考德国在《煤矿改造法》中规定政府向在鲁尔北区投资建厂的公司提供相当于投资总额10%的就业赠款经验[1]，可以给予在重庆产业衰退地区投资建厂的企业提供一定比例的投资总额赠款；参考日本政府对设立在九州工业开发区内的企业实施税收优惠、法国政府对在洛林等重点改革区投资并能创造就业机会的企业在3年内成为"无税特区"等经验，同样也可探索在重庆产业结构单一和产业衰退较为严重的地区实行类似优惠政策。

二是建议设立产业衰退及单一结构地区、农村贫困地区产业振兴和民生保障专项基金。设立产业衰退及单一结构地区、农村贫困地区鼓励产业发展正面清单，在坚持"生态优先、绿色发展"的基础上，引导更多符合以上地区产业振兴要求的产业领域的企业、厂商进驻发展并给予相应的政策和资金支持；对凡是符合以上地区和转型方向的企业实施专项补贴，在国家西部大开发企业政策的基础上再提供税收减免、贴息贷款等优惠政策；对因资源枯竭、产业转型造成的各类失业人员开展创业就业再培训和资助；对高山移民、生态移民、脱贫搬迁实施专项转移支付等。

---

① 赵新良. 回眸探索历程：国内外老工业基地振兴方略比较 [M]. 沈阳：辽宁人民出版社，2004.

三是完善金融支持体系。进一步完善适应产业转型升级需求的金融支持和保障体系，进一步完善融资和担保平台、渠道和手段，解决融资难、融资贵问题。同时，在以上地区增设金融机构、加大政策性信贷支持力度、推动融资创新和利用国有资本带动社会投资等方式完善其产业振兴的金融支持体系。

四是着力健全生态补偿和财政转移支付制度。围绕长江上游重要生态屏障的功能定位，对产业衰退地区和单一结构地区、农村贫困地区实施生态保护和环境治理专项资金支持，推进国家重点流域水污染防治和河流环境综合整治，着力健全生态补偿和财政转移支付制度，完善资源产权和有偿使用制度，从生态补偿的角度进一步促进绿色产业的发展。

七、广泛吸引高端产业人才

知识经济时代，人才是支撑发展的重要驱动力。广泛吸引高端产业人才，提高全要素劳动生产率，是撬动产业转型升级发展的重要力量。

一是完善产业人才引进和管理体系。搭建引进高层次产业人才的平台和渠道，设立并不断更新具有吸引力的保障性和激励性政策，重点引进高兴技术领域和新兴产业领域的战略型人才、领军型人才、管理型人才、技术型人才等。同时，建立灵活的高层次产业人才管理机制，最大限度地支持和帮助高层次人才创新创业，对产业转型升级做出突出贡献的人才给予合理回报和表彰奖励。在全社会营造鼓励创新的良好氛围，保障人才合法权益，为人才发展奠定好基础。打造好为人才安居乐业的硬环境，创造良好的城市环境、居住环境和生态环境，为人才创建教育、卫生、文化等无缝衔接的公共服务供给体系。

二是加大本地产业人才的培育和发展。除了外来人才引进，重庆地区还拥有大批高校和科研院所人才，应加大力度进一步开发本土产业人才，并从支持大学生创新创业、鼓励科研院所技术人员兼职创新创业、产业人才多点执业、加大对返乡农民工的创业政策扶持等方面进一步出台和实施相应的政策，加大人力资本投入力度，全面优化人力资本发展环境，充分发挥人力资本使用效能，走产学研相结合的发展道路，逐步积累起自身的人才和技术优势。

八、建立和完善产学研协同创新机制

创新是产业转型升级的动力和源泉。坚持创新发展理念，以创新驱动战略行动计划为指引，进一步鼓励全社会创新，不断形成产学研用协同创新的一体化格局，推动产业的转型升级。

一是强化企业技术创新主体地位。进一步深化市场导向科技体制机制改革，加快发展技术市场，加快建设长江上游科技创新中心，增强原始和基础创新能力。增强大数据、智能化、新能源、新材料等应用和生产研发能力，以企业为主体，加强产品开发能力建设，突破一批关键技术，鼓励应用新技术、新装备、新工艺、新材料。以重大项目或工程为依托，建立产学研用长效合作机制，促进一批先进技术的推广应用。完善创投体系，重点发展政府产业引导基金、风投基金、天使基金、种子基金等创投体系，加大产业创新力度。

二是放宽政策限制。鼓励技术创新、培育新兴产业，放宽市场准入限制，为市场主体创造更为便利的创新创业环境，促进市场机制的发挥，为产业转型升级领域企业开拓新业务、开展新研究创造条件。推进公共领域的信息化，增加对产学研用结合应用的支出。

三是转变传统产业发展思路、合理引导创新创业企业发展。引导企业立足产业发展的规律性和阶段性，改变传统的产业发展战略和思路，改变和完善生产管理方式，提高技术能力和找准产品的差异化，深抓市场主体，引导创新创业企业建立现代企业制度，引进先进的生产经营理念，提高对研发的投入和创新的重视，实施科学生产经营管理，提升生产效率和竞争力，不断培养龙头骨干企业成为新技术和新产品领域的有力竞争者。

九、打造转型升级示范区

产业示范区能在一定程度上先行先试并取得典型性和可复制性经验。打造全市产业转型升级示范区，能在一定程度上推动产业转型升级、加快新旧动能转换，助推周边地区和其他地区链条式、带动式发展，从而逐步带动全市产业转型升级。

一是在新兴产业开发区域设立产业转型升级示范区。根据不同的产业发展基础和形态，立足产业转型升级的整体规划和战略方向，在产业发展基础较好的新兴产业开发区域打造不同模板的产业转型升级示范区，为带动全市产业转型升级提供典型示范和模板。如可以在两江新区设立大数据智能化产业示范区、在西永设立电子信息及高新技术产业示范区、在渝中区设立现代新兴服务业示范区等，以一个示范区打造一类产业转型升级的方向和模板，带动相应产业链条和集群的发展。其中，立足军民融合发展战略行动计划，还可具体探索创建军民融合产业示范区，切实利用军民融合的力量和平台推进产业向高精尖方向的进一步转型升级，通过一系列的"军转民""民参军""军民共建"等模式，立足专项项目、专项计划、专项协同创新平台等手段，促进在云计算、大数据智能化、芯片等领域的无缝连接。

二是在产业衰退及单一结构地区、农村贫困地区设立产业转型升级示范区和实施专项资金支持政策。围绕传统产业提质降耗，围绕新兴和科技产业引入落地，围绕生态经济产业化和产业经济生态化，依托特色农业示范园区（基地）、高新技术开发区、特色工业园区和特色旅游开发区，选择有条件的地区和领域开展产业转型升级试点示范，探索新型产业、绿色经济发展新路径。通过差别化的产业、土地、财税和金融政策，改造传统产业、培育新兴产业，逐步培育具有地方特色的主导产业体系。

十、做好产业预测和动态跟踪

做好产业的预测和动态跟踪，加强产业发展趋势的研判，是减少产业转型成本、降低产业转型风险、提升产业转型效率的必要手段。

一是做好科研储备，科学预测产业整体发展趋势和特征。从日本九州地区的经验可以看到，日本的炼钢、炼铝和造船等产业在 20 世纪 70 年代开始衰退，但日本政府提前预见到了这些衰退的趋势，因此早在 20 世纪 60 年代初就出台了《促进低开发地区工业促进法》《振兴产煤地区临时措施法》《促进新产业都市的建设法》等，以立法形式积极主动地引导衰退地区引进、发展成长型替代产业。其成功经验表明，扶植新兴产业的成效远比对衰退产业进行技术改造显著。① 因此，建议政府提早谋划、动态跟踪、科学预测产业的整体发展趋势，并以重庆四大片区中的三大区域尤其是产业衰退和单一结构地区为重点，提前制定前瞻性的发展战略。

二是充分借助第三方研究机构力量，形成政府-产业部门-研究机构相结合的多维度一体化产业研究体系。政府是直接把握产业发展战略和方向目标的

---

① 曾荣平，岳玉珠. 日本九州地区产业衰退与产业转型的启示 [J]. 当代经济，2007 (12)：106-107.

总舵手，在整个产业跟踪和研究体系中起着掌舵的重要引领作用，依靠市场和产业部门则可以实现更多资源的快速汇集，如资源共享、社会分工、技术创新、信息平台、金融投资、资源优化配置等。同时，市场掌握了第一手和直观的产业发展信息及数据，对预判整个产业发展态势具有重要的地位和作用。借助科研院所等第三方研究机构的力量，进一步整合相关理论和市场数据研究，可进一步为政府提供更为科学全面的政策性建议和举措。科研机构还可作为第三方对相关的产业转型升级成效进行评价，便于政府及时对相关产业发展政策进行调整和动态管理。如面临施蒂里亚地区的煤炭、钢铁等传统产业的急剧衰退，奥地利为振兴地方经济，当地政府利用格拉茨技术大学和相关研究机构开展应用性很强的专业教育和技术培训，为汽车生产和金属制品产业集群的发展提供了强大的动力，使这两类产业集群成为增长的新引擎。

参考文献

［1］GEREFFI, G. International Trade and Industrial Upgrading in the Apparel Commodity Chain［J］. Journal of International Economics, 1999, 1（48）.

［2］HUMPHREY J, SCHMITZ H. How does insertion in global value chains affect Upgrading industrial dusters［J］. Regional Studies, 2002, 36（9）.

［3］HELPMAN E. A Simple Theory of International Trade with Multinational Corporations［J］. Journal of Political Economy, 1984（92）.

［4］迈克尔·波特. 国家竞争优势［M］. 李明轩, 邱如美, 译. 北京：中信出版社, 2007.

［5］迈克尔·波特. 竞争论［M］. 刘宁, 高登第, 李明轩, 译. 北京：中信出版社, 2009.

［6］陈兴林, 王文燕. 汽车零部件业发展战略研究［M］. 武汉：湖北人民出版社, 2009.

［7］杨帆. 社会主义市场经济理论［M］. 长春：吉林美术出版社, 2013.

［8］丁云龙. 产业技术范式的演化分析［M］. 沈阳：东北大学出版社, 2013.

［9］苏东水. 产业经济学［M］. 北京：高等教育出版社, 2010.

［10］杨公朴, 夏大慰, 等. 产业经济学教程［M］. 3版. 上海：上海财经大学出版社, 2008.

［11］简新华, 魏珊. 产业经济学.［M］. 武汉：武汉大学出版社, 2001.

［12］柳建平, 吉亚辉. 城市经济学［M］. 兰州：兰州大学出版社, 2010.

［13］西蒙·库兹涅茨. 各国的经济增长［M］. 常勋, 等译. 北京：商务印书馆, 2005.

［14］景维民. 转型经济学［M］. 天津：南开大学出版社，2003.

［15］亚当·斯密. 国民财富的性质和原因的研究［M］. 郭大力，王亚南，译. 北京：商务印书馆，1972.

［16］罗斯托. 从起飞进入持续增长的经济学（第1版）［M］. 贺力平，译. 成都：四川人民出版社，1988.

［17］魏后凯. 区域经济发展的新格局［M］. 昆明：云南人民出版社，1995.

［18］佐贯利雄. 日本经济的结构分析［M］. 周星云，杨太，译. 沈阳：辽宁人民出版社，1988.

［19］杨治. 产业政策与结构优化［M］. 北京：新华出版社，1999.

［20］王述英. 现代产业经济理论与政策［M］. 太原：山西经济出版社，1999.

［21］杨建文. 产业经济学［M］. 上海：学林出版社，2003.

［22］原毅军，董琨. 产业结构的变动与优化：理论解释和定量分析［M］. 大连：大连理工大学出版社，2008.

［23］弗里德里希·李斯特. 政治经济学的国民体系［M］. 陈万煦，译. 北京：商务印书馆，1961.

［24］重庆市统计局，国家统计局重庆调查总队. 2017重庆市统计年鉴［M］. 北京：中国统计出版社，2017.

［25］易小光，丁瑶，等. "十三五"重庆发展方略研究［M］. 北京：中国经济出版社，2016：18-22.

［26］任保平. 衰退工业区的产业重建与政策选择：德国鲁尔区的案例［M］. 北京：中国经济出版社，2007.

［27］杨换进，刘光华. 产业经济学［M］. 石家庄：河北人民出版社，2005.

［28］黄凯. 中美产业内贸易与我国产业结构关联性实证分析［D］. 南京：东南大学，2009.

［29］吴星旗. 江西省产业结构升级水平实证研究：基于长江经济带的比较［D］. 南昌：江西师范大学，2017：65-66.

［30］孙雪. 西部大开发中的产业转型策略研究［D］. 大连：大连理工大学，2002.

［31］姜琳. 产业转型环境研究［D］. 大连：大连理工大学，2002.

［32］傅静. 资源枯竭型城市产业转型升级研究：以景德镇为例［D］. 南

重庆产业转型升级研究

昌：江西师范大学，2012.

　[33] 孙云奋. 我国产业结构合理化和高级化：从技术角度切入 [D]. 天津：南开大学，2005.

　[34] 徐宁. 苏南产业结构调整及其影响因素研究 [D]. 南京：南京航空航天大学，2011.

　[35] 李慧媛. 基于面板数据模型的我国产业结构优化升级的影响因素分析 [D]. 杭州：浙江大学，2010.

　[36] 付桂生，翁贞林. 试论产业布局理论的形成及其发展：兼论江西省工业生产力布局 [J]. 江西教育学院学报（社会科学），2015（2）：5-6.

　[37] 李玲玉. 论产业生命周期理论 [J]. 中国市场，2016（12）：64-65.

　[38] 牛丽贤，张寿庭. 产业组织理论研究综述论 [J]. 技术经济与管理研究，2010（6）：136-139.

　[39] 高薇. 浅析现代经济增长理论的演变 [J]. 技术经济与管理研究，2011（3）：71-73.

　[40] 梁启东. 资源枯竭城市如何实现产业转型 [J]. 中国林业，2001（15）：38-39.

　[41] 徐振斌. 新型工业化与产业转型 [J]. 商周刊，2004（9）：38.

　[42] 丁焕峰. 技术扩散与产业结构优化的理论关系 [J]. 工业技术经济，2006（5）：95-98.

　[43] 李丹. 从波特的钻石模型理论看中国制造业 [J]. 当代经济，2008（1）：130.

　[44] 李孟刚，蒋志敏. 产业经济学理论发展综述 [J]. 中国流通经济，2009（4）：31.

　[45] 赵红磊，王文君. 从汉密尔顿的三个报告看其经济思想 [J]. 法制与经济，2011（8）：104.

　[46] 高培亮. 产业结构调整的西方学者研究述评 [J]. 中国市场，2015（12）：120.

　[47] 卢福财，胡平波. 全球价值网络下中国企业低端锁定的博弈分析. [J]. 中国工业经济，2008（10）：23-32.

　[48] 张杰，刘志彪. 制度约束、全球价值链嵌入与我国地方产业集群升

级 [J]. 当代财经, 2008 (9): 84-91.

[49] 洪银兴. 产业结构转型升级的方向和动力 [J]. 求是学刊, 2014 (1): 58.

[50] 王元地, 朱兆琛, 于晴. 试论自主创新对产业结构升级的作用机理 [J]. 科技管理研究, 2007 (12): 13.

[51] 唐清泉, 李海威. 我国产业结构转型升级的内在机制研究: 基于广东 R&D 投入与产业结构的实证分析 [J]. 中山大学学报 (社会科学版), 2011 (5): 191.

[52] 张其仔. 比较优势的演化与中国产业升级路径的选择 [J]. 中国工业经济, 2008 (9): 58-68.

[53] 舒元, 才国伟. 我国省际技术进步及其空间扩散分析 [J]. 经济研究, 2007 (6): 106-118.

[54] 张杰, 张少军, 刘志彪. 多维技术溢出效应、本土企业创新动力与产业升级的路径选择: 基于中国地方产业集群形态的研究 [J]. 南开经济研究, 2007 (3): 47-68.

[55] 张晖. 产业升级面临的困境与路径依赖: 基于新制度经济学视角的分析 [J]. 当代财经, 2011 (10): 116-122.

[56] 蒋兴明. 产业转型升级内涵路径研究 [J]. 经济问题探索, 2014 (12): 47-49.

[57] 王小明. 外生动力视角下区域传统优势产业升级发展研究 [J]. 财经问题研究, 2017 (6): 31.

[58] 王海杰. 全球价值链分工中我国产业升级问题研究述评 [J]. 经济纵横, 2013 (6): 114.

[59] 黄永明, 何伟, 聂鸣. 全球价值链视角下中国纺织服装企业的升级路径选择 [J]. 中国工业经济, 2006 (5): 56-63.

[60] 张少军, 刘志彪. 区域一体化是国内价值链的"垫脚石"还是"绊脚石": 以长三角为例的分析 [J]. 财贸经济, 2010 (11): 118-124.

[61] 黄娅娜. 韩国促进产业转型升级的经验及其启示 [J]. 经济研究参考, 2015 (20): 84.

[62] 董小君. 日本经济转型的经验与借鉴意义 [J]. 行政管理改革, 2013 (11): 48.

重庆产业转型升级研究

［63］薄文广，吴承坤，张琪. 贵州大数据产业发展经验及启示［J］. 中国国情国力，2017，12（45）.

［64］昌忠泽. 上海市产业结构调整：成效、问题及政策建议.［J］. 区域金融研究，2017（2）：5.

［65］张瑀. 上海市产业结构调整经验对东北地区的启示［J］. 祖国，2017（6）：60.

［66］陈豫浩. 需求收入弹性与企业经营决策［J］. 山东行政学院山东省经济管理干部学院学报，2015：7-8.

［67］王元. 重视单一产业性城市的可持续发展［N］. 人民日报，2000-01-11（9）.

［68］孙久文，姚鹏. 单一结构地区转型的原因与路径探讨：以东北地区为例［J］. 社会科技辑刊，2017（1）：44.

［69］曾荣平，岳玉珠. 日本九州地区产业衰退与产业转型的启示［J］. 当代经济，2007（12）：106-107.

［70］姜四清. 我国中西部老工业基地产业衰退地域评价方法和特征研究［J］. 人文地理，2010（3）.

［71］李君华，彭玉兰. 产业布局与集聚理论述评［J］. 经济评论，2007（2）：146-150.

［72］安虎森，朱妍. 产业集群理论及其进展［J］. 南开经济研究，2003（3）：31-36.

［73］谢贞发. 产业集群理论研究述评［J］. 经济评论，2005（5）：118-123.

［74］刘婷，平瑛. 产业生命周期理论研究进展［J］. 湖南农业科学，2009（8）：93-96.

［75］彭颖. 产业组织理论演进及其对我国产业组织的启示［J］. 资源与农业，2010（10）：174-176.

［76］左大培. 经济学、经济增长理论与经济增长理论模型［J］. 社会科学管理与评论，2005（3）：33-44.

［77］虞晓红. 经济增长理论演进与经济增长模型浅析［J］. 生产力研究，2005（2）：12-14.

［78］陈树志. 波士顿产业转型启示［J］. 投资北京，2009（6）：37-39.

［79］李健.国际城市产业转型的理论、经验与启示［J］.现代经济探讨，2014（2）：82-87.

［80］沈正岩.产业转型升级的韩国经验［J］.政策瞭望，2008（3）：48-49.

［81］胡李鹏，谭华清.韩国产业升级的过程与经验［J］.现代管理科学，2016（1）：33-36.

［82］于凤玲.新加坡新兴产业的发展对我国沿海产业发展战略的启示：以广东台山为例［J］.广西财经学院学报，2015（6）：19-23.

［83］万卫东.新加坡经济结构转型的特点及对中国的启示［J］.华中农业大学学报，2010（5）：1-6.

［84］李敦瑞.上海产业结构演化的特征及趋势分析：基于现代服务业发展的视角［J］.生产力研究，2012（2）：177-179.

［85］习近平.决胜全面建成小康社会 夺取新时代中国特色社会主义伟大胜利党的十九大报告（单行本）［M］.北京：人民出版社，2017.

［86］工信部.工信部首次发布中国电子信息产业综合发展指数研究报告［EB/OL］.（2017-09-04）.http://cyyw.cena.com.cn/2017-09/04/content_368341.htm? from=groupmessage.

［87］重庆市科学技术委员会.科技成果转化研究［EB/OL］.（2016-09-16）.http://www.cstc.gov.cn/View.aspx? id=11063.

［88］费洪平.当前我国产业转型升级的方向及路径［EB/OL］.（2017-1-20）.http://www.amr.gov.cn/ghbg/cyjj/201704/t20170426_59605.html.

［89］国务院关于印发"十三五"国家战略性新兴产业发展规划的通知［EB/OL］.（2016-12-19）.http://www.gov.cn/zhengce/content/2016-12/19/content_5150090.htm.

［90］中国（重庆）自由贸易试验区产业发展规划（2018—2020年）［EB/OL］.（2018-03-23）.http://www.cq.gov.cn/publicinfo/web/views/Show! detail.action? sid=4305817.

［91］蔡昉.全要素生产率是新常态经济增长动力［EB/OL］.（2015-11-25）.http://news.cqnews.net/html/2015-11/25/content_35840964.htm.

［92］郭晓鸣.关于实施乡村振兴战略的若干思考［EB/OL］.（2017-12-09）.https://www.sohu.com/a/209404423_774978.

后记

近年来，重庆经济保持了较快的增长速度，经济规模不断壮大，成为中西部地区经济发展的"一抹亮色"。在快速发展的背后，重庆产业经历了怎样的变迁、调整和优化？随着经济由高速增长阶段转向高质量发展阶段，处于转变发展方式、优化经济结构、转换增长动力攻关期的重庆产业又该怎样转型和发展？这是进一步提升产业水平、实现高质量发展亟须回答的问题。我们在实际工作中对此进行了关注和思考，并已有一定的研究基础和成果积累。基于此，我们组建了团队，对重庆产业的转型升级进行系统研究。这便是写作本书的缘起。

本书整体架构可以大致分为"三个三"，即用三章梳理总结理论体系、研究进展以及产业转型升级的经典案例，以期深化理论基础；用三章实证分析重庆产业竞争力弱、产业衰退、结构单一等重点问题，以期"让数据说话"；用三章深入讨论重庆产业转型面临的机遇与挑战、产业转型升级的方向及路径和保障措施，以期探寻新的发展动力，这构成了本书的基本框架和逻辑思路。

本书是团队智慧的结晶，具体分工如下：李培负责前言的撰写；姚学刚负责第一章、第九章的撰写；黄捷负责第二章的撰写；黄捷、王春负责第三章的撰写；徐厚琴、王春负责第四章的撰写；徐厚琴负责第五章、第八章的撰写；王春、李培负责第六章的撰写；王春、姚学刚负责第七章的撰写；王春、李培负责第十章的撰写以及本书的统稿、修改；李培负责提出本书的写作大纲和框架、书稿修改、定稿以及统筹协调。

在本书的写作过程中，我们不断地讨论、修改，尽力完善书稿，但由于自身能力水平、外部数据获得有限等方面的局限和制约，内容上还存在一些缺陷和不足，我们将在未来的持续关注中进一步深化认识、理顺思路、完善观点、提升水平。此外，本书在写作过程中除了借鉴各位作者已有的研究基础和成果，还参考了大量的国内外文献，在此一并致以诚挚的谢意。

李培

2018 年 7 月

重庆产业转型升级研究